D1619265

SARA BURKART

BEWUSST

GLÜCKLICH

SEIN

LA LIBERTÉ
SARA-BURKART.CH

ERFOLG IST,

SICH SELBST

GLÜCKLICH ZU

SEHEN

LA LIBERTÉ

IMPRESSUM

Copyright © 2021 Sara Burkart – La Liberté, erste Auflage

www.sara-burkart.ch

Textverfassung: Aug. 2020 - Dez. 2020

Textblock & Gestaltung: Sara Burkart

Co - Lektorat: Olivier Diethelm

Cover & Illustrationen: Yves Hohl, www.kreatyveswerkstatt.ch

Foto: Luzia Stadelmann, www.luziastadelmann.ch

Unterstützt von: Cornelia Henzmann, Maria Burkart, Priska Bannholzer

Bibliografische Information der Deutschen Nationalbibliothek: Die Deutsche Nationalbibliothek verzeichnet diese Publikation in der Deutschen Nationalbibliografie; detaillierte bibliografische Daten sind im Internet über http://dnb.dnb.de abrufbar.

Herstellung und Verlag: BoD – Books on Demand, Norderstedt
ISBN: 9783754306864

INHALTSVERZEICHNIS

DAS BUCH

JEDER MÖCHTE GLÜCKLICH UND FREI SEIN

Dieses Buch fasst die Konstanten zusammen, welche zu einem glücklichen und freien Lebensgefühl führen. Es zeigt verschiedene Wege zum Glück auf und beleuchtet die Themen stets von anderen Blickwinkeln. Die Inhalte sind für die Erschaffung eines inneren Friedens, einer inneren Freiheit und einer inneren Ruhe bestimmt.

Durch das Lesen werden Widerstände abgebaut und sie dürfen Heilung erfahren. Es fordert zum aktiven Mitdenken auf. Das Ziel ist es nicht, eine absolute Wahrheit zu definieren, sondern vielmehr die eigenen Gedanken anzuregen, um die persönliche Wahrheit zu finden.

„Ich selbst durfte durch die Arbeit mit der Hypnose sehr viel lernen und nun möchte ich Inputs, meine Erfahrungen und Erkenntnisse teilen, damit sie auch anderen dienen, beziehungsweise helfen dürfen.

Mir war es wichtig ein Werk zu kreieren, welches viele Inhalte zusammenführt. Einen roten Faden zum eigenen persönlichen Glück zu erschaffen, damit noch mehr Menschen mit diesen Themen in Berührung kommen und neue Lebensstrukturen gestalten können.

Ich habe „einfach" mit dem Schreiben begonnen und nie mehr aufgehört, dieses Projekt zu vollenden. Die Freude diente mir als Wegweiser. Mein primäres Ziel ist es, dieses Buch als eine Inspiration zu sehen. Ich bitte Dich, es mit dem Gefühl zu lesen. Für mich ist es bereits ein Erfolg, weil ich es erstellt habe und ich die Freude am Prozess spürte. Für dieses Werk nutzte ich mein Wissen, meine Erfahrung und meine Intuition. Dies vereinte ich mit dem „automatischen Schreiben", welches ich aus der medialen und sensitiven Arbeit kennen lernen durfte. Deshalb bin ich überzeugt, dass der Inhalt dienen wird.

Der definierte Preis dieses Buches hat eine spezielle Bedeutung. Die enthaltenen Ziffern haben mich seit Beginn meines Lebens hier auf Erden begleitet und begegnen mir immer wieder in besonderen Lebenssituationen. Die Zahlen bedeuten für mich eine Zustimmung und vermitteln mir ein grosses Stück Vertrauen in das Leben und in mich selbst."

SARA BURKART

DANKSAGUNG

Mir ist es ein grosses Anliegen, den wichtigen Menschen in meinem Leben meinen Dank auszusprechen. Es gibt wundervolle Menschen, die mich auf meinem Lebensweg begleiten. Ich geniesse jedem Augenblick mit euch. Danke für diese bereichernden Begegnungen.

Ein herzliches Dankeschön an alle, die für dieses Buch mit vollster Hingabe mitgewirkt haben. Einfach schön, euch zur Seite zu haben.

Einen lieben Dank an meine Eltern Hans und Maria Burkart, die mich auf meinem Weg unterstützen, hinter mir stehen und sich für mein Wohl einsetzen. Ich weiss, dass ich bei ihnen immer herzlichst aufgehoben bin. Mit meinen beiden Geschwistern fühle ich mich sehr verbunden und ich schätze besonders ihre aufgestellte und wohlwollende Art.

Einen weiteren Herzensdank geht an meinen liebevollen Lebenspartner, der mich mein Sein leben lässt. Danke für die Liebe, die inspirierenden Gespräche und die schöne Zeit, die wir zusammen verbringen dürfen.

Meinen Freunden möchte ich meine tiefe Wertschätzung zusprechen. Menschen, die mich begleiten und die Glück in sich verkörpern. Ich liebe es, mit euch zu lachen und unvergessliche Momente zu kreieren.

Tiefste Liebe empfinde ich für ein spezielles Wesen, für meinen tiefschwarzen Kater Mr. Midnight – Junior. Für die Wohngemeinschaft mit ihm bin ich besonders dankbar. Er begleitet mich seit dreizehn Jahren.

Einen lieben Dank geht zusätzlich an mein ehemaliges Team, welches ich leiten durfte und an alle wunderbaren Begegnungen auf meinem gesamten Ausbildungsweg und in allen Arbeitsverhältnissen. Es gab da immer „besondere" Menschen.

Zusätzlich widme ich meine Gedanken einerseits meiner verstorbenen Grossmutter Therese, die ich auf anderen Wegen wieder getroffen habe und andererseits einem weiteren Menschen und Freund, der den Freitod gewählt hat.

VORWORT

LIEBE LESERIN, LIEBER LESER

Ein herzliches Willkommen und ein Dankeschön an Dich, dass Du Dich diesen Themen widmest. Da wir uns über die „Du-Sprache" näher sind, erlaube ich mir den Inhalt in der „Du-Sprache" zu verfassen mit grösstem Respekt gegenüber Deines Seins.

UNSER INNENLEBEN

Viele von uns funktionieren und haben alles im Griff, bis der Körper Symptome auslöst, welche wir uns nicht erklären können. Junge Erwachsene erleiden Stimmungsschwankungen, Erschöpfungszustände, Schwindelanfälle, Panikattacken, Ängste, Zwangsstörungen oder Ähnliches. Die unsichtbare Seele beginnt zu sprechen. Die meisten von ihnen werden aufgefordert, vermehrt auf ihr eigenes Herz zu hören. Doch oft kommt die Frage auf, wie und wo man beginnen darf, weil im eigenen Leben doch alles „richtig" ist.

Ein anderes spannendes Phänomen ist, dass Kinder zunehmend hochsensible Eigenschaften und eine sensitive und feinfühlige Wahrnehmung aufweisen. Es fühlt sich an, als würde etwas Grösseres einen Wandel bringen.

GLÜCK

Es gibt viele Aspekte eines glücklichen Lebens. Wenn Menschen befragt werden, antworten sie oft, dass Glück für sie die nahestehenden Mitmenschen sind, die Gesundheit und die Erfüllung des Selbst.

Das eigene Glück ist von vielen Faktoren abhängig. Es ist der innere Dialog und die Wertvorstellung. Glück ist, wie wir auf Situationen reagieren und wie wir sie einstufen - das innere Mindset. Dadurch wird erkennbar, dass Glück und Liebe keine Produkte von finanziellem Wohlstand sind. Genau dies ist das Wundervolle an diesen Themen. Es ist für jeden machbar, finanzielle Gründe sind keine Gründe, es nicht zu leben.

FLOW UND FREIHEIT

Was sind die Schlüssel zur Unbeschwertheit und zur Zufriedenheit? Spannend ist, dass unser Unterbewusstsein uns stets zu den einfachen Lebensinhalten zurückführt.

Freiheit ist ein Begriff mit vielen verschiedenen Facetten, doch beschreibt er eine absolute Leichtigkeit. Ein Zustand im Flow und im Vertrauen. Ein Begriff, der wahres Spüren und Leben definiert. Jeder Mensch hat in irgendeiner Weise das Bedürfnis, frei zu sein. Frei wird zum absoluten Ziel. Es gibt verschiedene Aspekte von Freiheit, doch beruhen sie alle auf ähnlichen Grundwerten:

GEDANKLICHE FREIHEIT

Befreit von Ängsten und Sorgen, ein Zustand im Jetzt: Eine Schwerelosigkeit im Kopf und eine Fülle der Inspiration.

EMOTIONALE FREIHEIT

Frei von alten Geschichten und Verletzungen. Emotional frei sein und zuversichtlich auf alles Neue zugehen, stetig in der Ruhe und in der Gelassenheit zu bleiben.

GESUNDHEITLICHE FREIHEIT

Den eigenen Körper in der Fülle, in der Energie und in der Kraft spüren. Sich frei bewegen zu dürfen und in einer völligen Spontanität das Leben erfahren zu können.

„Meine Überzeugung liegt darin, dass Heilung grössten-
teils dann einsetzt, wenn ein innerer Friede, eine innere Ruhe
und eine innere Freiheit entstehen kann."

Dieses Buch ist ein Auszug aus Erfahrungen, zusammen mit meinen eigenen Lebensprozessen und Gedanken. Aufgrund meiner langjährigen Faszination zu diesen Themen, was Menschen bewegt, habe ich zahlreiche Bücher gelesen und diverse Mentoren an Seminaren erlebt, über Medien verfolgt und ihre Ansichten gelernt.

Gerne möchte ich dies mit Dir teilen, weil ich der Überzeugung bin, dass wir gemeinsam am meisten bewegen können. Gemeinsam in ein erweitertes Bewusstsein und in ein anderes Lebensgefühl eintauchen können. Denn im Grunde sind wir alle eins und Bewusstsein schafft Frieden. Wer den Frieden in sich selbst trägt, trägt den Frieden in die Welt. Mein Ziel ist es, dass Du Deine Gefühle und Gedanken in Deine eigene Kraft bringen kannst.

Es ist mir ein grosses Anliegen, mich herzlichst bei Dir zu bedanken, weil Du dieses Buch in der Hand hältst. Es ist mir eine wahre Ehre.

SO SCHÖN, DASS ES DICH GIBT

und wir gemeinsam auf dem Weg sind, Gedanken austauschen und uns gegenseitig inspirieren.

Illustration: innere Freiheit und Inspiration

THIS MOMENT

IS YOUR LIFE

DIESER MOMENT

IST DEIN LEBEN

SARA

Meine innere Inspiration ist es, positive Energien zu verbreiten und zu leben. Denn ich weiss, umso mehr glückliche Menschen es gibt, umso besser kann sich vieles zum Guten wandeln.

Meine Ideologie ist, umso mehr Menschen Bewusst-SEIN leben und GLÜCKLICH leben, umso mehr Raum bekommt Respekt, das Miteinander/Füreinander, ein positives Umweltbewusstsein und Achtsamkeit in unserer Gesellschaft.

Es erfüllt mich, wenn ich Zusammenhänge verstehe und ich in die Welten der unbegrenzten Möglichkeiten eintauchen kann. Ja, es ist verrückt, aber ich liebe die faszinierende Welt. Ich liebe es, zu erfahren. Ich liebe es, zu spüren, was alles möglich ist. Welten zu erforschen, die wir nur durch das Erleben wahrnehmen können. Ich liebe es, mit älteren und lebenserfahrenen Menschen zu sprechen und ihnen einfach zuzuhören. Ich mag die Welt der Abenteuer und der Grenzerfahrungen. Sie machen mich lebendig, neugierig, weise und inspirieren mich.

Gerne stelle ich Dir meine Geschichte vor, damit Du Dir ein persönliches Bild meiner Person und meiner inneren Inspiration machen kannst. Mein Name ist Sara Burkart. Ich erblickte das Licht der Welt am 15. Juli 1986. Die Geburt war in sich selbst ein sehr prägendes Ereignis, da meine Eltern bereits dann für mich einstehen und sich gegen den Rat der Ärzte durchsetzen mussten. Genauso, wie ich mich später auch immer wieder erlebt habe und ich mich sehr für mich selbst einsetzen musste.

Ich kam mit einer Lippen-Kiefer-Gaumenspalte zur Welt. Bei der Geburt war ich blau angelaufen und der Kopf wurde stark beeinträchtigt. Nach den Erzählungen hatte ich bereits da und weitere Tage danach sehr starke Schmerzen. Meine Mutter meinte, ich musste mich auf die Welt kämpfen. Wahrscheinlich hatte ich einen Schutzengel an meiner Seite, dass ich keine weiteren Einschränkungen in geistiger oder körperlicher Hinsicht erleiden musste und überhaupt hier so wie ich bin auf der Erde angekommen bin.

Ich habe zwei ältere Geschwister, die vier und sechs Jahre älter sind. Diese beiden haben mich regelmässig zur Selbstüberwindung gebracht, mehr zu machen, als es vielleicht damals meinem Alter entsprach. Für mich hiess es, entweder mitmachen oder allein stehen bleiben. Ich sehe darin den positiven Wert, weil mich diese Situationen regelmässig dazu brachten, meine Komfortzone zu verlassen. Auf dem elterlichen Bauernhof hatten wir viele Tiere wie Kühe, Kaninchen, Hühner, Hunde und Katzen.

Die Jungtiere aller Arten machten unseren Hof sehr vielfältig und ich hatte damals etwas, was sich viele andere in meinem Alter gewünscht hätten. Schulfreunde kamen gerne zu Besuch, weil wir einen grossen Spielplatz hatten. Damit meine ich keine aufgestellten Schaukeln, sondern das Heu, viele Klettermöglichkeiten und natürlich die Tiere.

Die Tiere, insbesondere die Hunde, waren für mich das Grösste. Ich habe sehr viel Zeit mit ihnen verbracht und ich lernte, wie mit ihnen umzugehen ist. Die Hunde zu trainieren braucht Disziplin, Regeln und dazu auch wundersame stille Minuten des Zusammenseins, der Liebe und der gegenseitigen Wertschätzung. Es braucht keine Worte, um zu spüren, dass man sich gegenseitig wichtig ist. Wir könnten so viel von diesen Tieren lernen.

Ich bin sehr dankbar, in diesen einfachen Verhältnissen aufgewachsen zu sein. Denn wenn Du das einfache Leben beherrschst, kannst Du mit vielem anderen umgehen. Ich gehöre noch zu der Sorte Mensch, die am Morgen nicht aufstehen wollte, weil es ausserhalb des Bettes sehr kalt war. Die beiden Decken, mit denen ich geschlafen habe, gaben mir noch Wärme. Später konnten meine Eltern das Haus renovieren und wir bekamen eine bessere Heizung.

Unser Leben war nicht von äusserem Luxus geprägt. Doch vielleicht hatten wir viel mehr, als es schien. Unsere Eltern haben uns viele wichtige Werte mit auf den Weg gegeben. Uns es hat uns Spass gemacht, bei der Arbeit mitzuwirken. Ich finde, unsere Eltern haben uns den Sinn des Wirkens vermittelt und dieses gute Gefühl, abends zufrieden ins Bett gehen zu können. Sie haben uns die Freude und die Liebe zur Arbeit mitgegeben. Und das Wichtigste, sie haben es uns vorgelebt.

Es gab auch immer Zeiten für Pausen. Meiner Mutter war das Wohl der Familie eine Herzensangelegenheit und sie trägt sehr viel Liebe in sich. Dafür bin ich ihr von Herzen dankbar. Niemand kennt mich so gut wie sie. Meinem Vater bin ich besonders dankbar, weil er mir den Ehrgeiz sowie sehr viele Lebensinhalte und Werte vermittelt hat. Wenn man einen guten Rat braucht, ist er definitiv die richtige Adresse.

Rückblickend habe ich bemerkt, dass das Leben draussen in der Natur für mich sehr wichtig ist und immer war. Es macht mich persönlich sehr glücklich, wenn ich die Berge sehen kann, wenn ich tagtäglich das Wetter und die Wolken betrachten kann und nachts die Sterne. Ich wusste lange nicht, wie essenziell wichtig das für mich ist. Nach meiner längeren Krankheitszeit vor wenigen Jahren, hat dieses einfache Mittel, mehr mit der Natur zu leben, sehr viel zu meiner Genesung beigetragen.

Durch meinen inneren Drang, selbstständig zu leben und auf eigenen Beinen zu stehen, habe ich das Elternhaus im Alter von 21 Jahren verlassen und habe ein zweijähriges Vollzeitstudium in Neuenburg zur diplomierten Drogistin

HF absolviert. Weitere Ausbildungen aus der eigenen Inspiration heraus folgten.

Die Lebenssituationen in dieser Zeit waren nicht immer von Leichtigkeit geprägt, weil ich mit dem Leben selbst stark an meine Grenzen stiess. Ich musste mit Situationen klarkommen, die ich rückblickend nicht allein hätte bewerkstelligen müssen. Doch haben sie meine Persönlichkeit sehr verändert und mich stark gemacht. Ich hatte oft das Gefühl, dass ich das Leben ein Level höher bzw. härter erfahren musste. Heute bin ich sehr stolz, dies alles gemeistert zu haben und meine Persönlichkeit ist nur da, wo sie jetzt ist, weil das alles so geschehen ist. Später habe ich diesen „Kampf" abgelegt und in Liebe zu mir selbst transformiert.

Ein sehr wichtiges Ereignis ist im Zeitraum 2018/2019 geschehen, als mich mein Körper zum Stillstand brachte. Meine Haut veränderte sich, ich hatte inwendige starke, schubartige Schmerzen. Die Schmerzintensität liess mich wegtreten, ich konnte nachts nicht mehr schlafen, habe Tage und Nächte in der Badewanne und im Bett verbracht. Herzrasen wurde zum täglichen Einschlafritual. Es wurde immer schlimmer, bis ich mich kaum noch einen Schritt vorwärts bewegen konnte. Obwohl ich ein sportlicher Mensch bin, konnte ich keine Treppe mehr hinaufgehen, weil mir einfach keine Energie zur Verfügung stand. Die Beine waren leer. Mit den Händen konnte ich nicht mehr greifen, sie waren starr und alles brannte. Ich fühlte mich apathisch und der Kopf war komplett benebelt. Der Schwindel brachte mich schlussendlich zum Stillstand.

Die Krankheitszeit danach liess sehr viel Raum, mir über die Welt und das Leben selbst ein eigenes und neues Bild zu kreieren und neue Wege zu gehen. Obwohl ich meine damalige Anstellung mit voller Leidenschaft und Freude ausübte, war es wohl einfach nicht mehr der stimmige Weg. Dazu kam, dass ich mit der Schulmedizin nicht einer Meinung war. Es ist mir wichtig, hier zu erwähnen, dass die Schulmedizin sehr großartige Erfolge aufweist. In der Akutmedizin und in der Chirurgie erbringt sie aus meiner Sicht Meisterleistungen. Aber in dieser Erfahrung erlebte ich sehr viel Unverständnis.

In dieser Krankheitszeit besuchte ich zwölf Ärzte, die ein wenig mehr oder weniger meines Krankheitszustandes verstanden haben, um es freundlich und kurz auszudrücken. Die richtige Unterstützung fehlte mir aber komplett. Bei der dreizehnten Person habe ich mich am besten gefühlt. Es war der TCM-Spezialist (ein Arzt für traditionelle chinesische Medizin), mit dem aufgrund der Sprachbarriere nur einfache Worte möglich waren und wir eigentlich nur sehr wenig gesprochen haben. Aber er hat mich als Ganzes angesehen und hat dadurch viel mehr verstanden.

Rückblickend liess diese komplette Erfahrung das Vertrauen in mich selbst wachsen. Meine Genesung kam vor allem durch die Ruhe selbst. Durch das Schlafen und durch

Rhythmus konnten die Selbstheilungsprozesse wirken. Das Mindset und die psychologischen Hintergründe dazu habe ich mir selbst erarbeitet. Zwischendurch besuchte ich einen Berufskollegen für eine Hypnosetherapie, eine Kinesologin, ein Medium oder einen Osteopathen.

Durch Operationen und durch Unfälle in der Kindheit zeichnen verschiedene sichtbare Narben meinen Körper. Jede einzelne trägt in sich selbst eine Geschichte über mein Leben. Die Operationen entstanden durch den Geburtsfehler, der korrigiert wurde.

Meine drei Piercings am Ohr suggerieren mir meine Lebenswerte. Es sind drei Stecker, welche für die drei F's stehen: Frieden, Freude und Freiheit.

Warum ich mich mit dem Bewusstsein und dem Unterbewusstsein beschäftige? Eigentlich begleitet es mich schon mein Leben lang und es waren verschiedene Teilstücke, die immer wieder in mein Leben fanden. Bereits in der frühen Kindheit habe ich mich mit dem Sinn des Lebens befasst. Ich war in meinem Zimmer und habe mir Gedanken über das Leben gemacht. Es war schon immer etwas in mir, was eine Faszination zu dieser Frage des Lebens auslöste. Ich reflektierte viel, warum sich andere Menschen so verhalten, wie sie sich verhalten. Dadurch brauchte ich viel Zeit für mich allein. Ich habe mich regelmässig selbst in den Zustand der „Schwerelosigkeit" versetzt. In dieser „Schwerelosigkeit" spürte ich Leichtigkeit und ich beschäftigte mich damit, wer oder was wir wirklich sind.

Ein besonderer Wendepunkt meines Lebens war der 16. Mai 2014. Ich befand mich auf einer Reise quer durch den Westen Amerikas. Eine sehr besondere Reise, die tief in meinem Herzen verankert ist. Ein wichtiges Reiseziel war das Monument Valley. Irgendwie spürte ich, dass da etwas Besonderes zu finden war. Die Energien an diesem Ort waren überwältigend einzigartig. Am Abend sass ich draussen bei unserem gemieteten Wohnmobil und ich habe mich entschlossen, alles in meinem Leben zu tun, um „glücklich zu sein".

Dieses Datum wurde zur Geburtsstunde für „mein neues Leben". Die Jahre darauf habe ich zwei weitere Reisen unternommen. Diese Male habe ich sie für mich erlebt, ich war allein unterwegs. Die eine davon war so intensiv, dass ich am liebsten überhaupt nicht zurückgekehrt wäre. Die Freiheit, die ich da verspürte, war unendlich und „einfach sein" gab mir eine so wunderbare innere Ausstrahlung und einen Frieden. Ich sah die Aufgabe darin, dieses erlebte Gefühl in meinem eigenen Alltag zu finden. Meine eigene Welt so zu leben, wie ich sie auf den Reisen erfahren durfte. Doch der Körper und die Seele waren schneller als mein Geist. Da begann die Krankheit erst recht auszubrechen.

Eine prägende Begegnung war in der Zeit, als ich tagtäglich einen längeren Arbeitsweg mit dem Auto zurücklegte. Immer wieder hatte ich das Gefühl, dass ein verstorbener Mann in meinen Gedanken bei mir ist. Ich habe es nicht bewusst gewollt und ich kannte diese Person zu ihrer

Lebenszeit nie. Aber jeden Tag kam er wieder und wollte mir etwas mitteilen. Als ich die lebende Person, an die die Botschaften gerichtet waren, damit konfrontierte, erwiesen sie sich als wahr. Es konnte Frieden und Heilung bei der betroffenen Person entstehen. Dies hat mich sehr berührt und fasziniert.

Danach folgte der erste Schritt, Seminare zu besuchen. Immer mehr merkte ich, dass diese Bewusstseinsentwicklung mich sehr erfüllte. Ich fühlte mich immer freier und leichter. Durch das Lesen von Büchern habe ich viele eigene Themen selbst erarbeitet und loslassen können. Die Bücher vermitteln mir viel Wissen, welches ich so in der Alltagswelt nicht lernen kann.

Ein sehr spezielles Erlebnis war, als ich mich für die Ausbildung zur Hypnosetherapeutin bei Gabriel Palacios im Jahre 2016 angemeldet habe. Ich habe mir verschiedene Ausbildungen angesehen, mich gedanklich aber noch nicht vollumfänglich festgelegt. Ich weiss noch, dass ich an einem Samstagabend in Luzern war und dann spätabends zu Bett ging. Als ich am Sonntagmorgen aufstand, war ich noch nicht richtig wach. Wie fremdgesteuert habe ich meinen Computer eingeschaltet und mich für die Ausbildung bei Gabriel angemeldet. Danach habe ich mich erstmals hingesetzt, einen Kaffee getrunken, mich selbst belächelt und mir überlegt, was ich eigentlich soeben gemacht habe.

Es war für mich so faszinierend intuitiv, dem Gefühl folgend, dass ich dem Weg gefolgt bin. Heute bin ich zutiefst dankbar, dass ich diesen Weg eingeschlagen habe. Meine Arbeit vermittelt mir Sinn und viele herzerfreuende Momente. Die Menschen kommen vorbei und verlassen den Ort mit einem Strahlen im Gesicht und mit einer aufrechten Haltung. Sie erzählen mir, wie sie sich nach der Session fühlen: einfach leicht, lebendig, strahlend, frei und glücklich.

Ich habe mich durch die vielen Sessions stets weiterentwickelt und konnte viele Zusammenhänge verstehen lernen. Zusammenhänge aus Büchern, Erfahrungen aus meinem Leben und Erfahrungen aus dem Unbewussten der Menschen. Jede einzelne Session habe ich protokolliert. So habe ich mich entschieden, mein Wissen in einem Buch zu vereinen. Es ist für mich spannend, wie das Unbewusste fühlt. Ich erfahre viel über die wahren Werte des Lebens und den Sinn dahinter.

Wohin die Reise führen wird, steht für mich offen. Auf meinem Lebensweg stehen verschiedene Meilensteine, die mir sehr gefallen haben. Für mich selbst ist das Essentielle, das Wissen und die Erfahrungen über diese Themen im gewöhnlichen Alltag zu leben. Es ist egal, wo man ist. Wichtig ist, was man tut, wo man ist. So sehe ich, dass im Zusammenleben, im Zusammenarbeiten in verschiedenen Firmen, in Freundschaften, in Familien genau diese Aspekte wunderbar integriert werden können. Für mich ist es die Basis des Seins.

Der Name meines Unternehmens heisst La Liberté und bedeutet die Freiheit. Ich habe nie nach einem Namen für meine Tätigkeit gesucht. Der Name erschien mir, bevor ich mich überhaupt dazu entschlossen habe, diesen Weg einzuschlagen. In einer Meditation bin ich beim „la gare de la Liberté" angekommen und wusste, wenn ich es mache, dann genau mit diesem Gefühl und mit diesem Namen. Für mich ist es sehr berührend, dass auf die Frage „Wie möchten Sie sich gerne fühlen?" meine Klienten fast zu 100 Prozent das Wort „frei" nennen. Sie möchten sich gerne frei fühlen. Wenn ich weiter frage, was denn „frei sein" für sie bedeute, ist die häufigste Antwort: „Frei sein bedeutet für mich, mich selbst zu sein". Die äussere Freiheit ist das Eine und auch wunderschön, diese zu erleben. Aber die innere Freiheit ist unbegrenzt und die höchste Stufe der Freiheit, die erlebt werden kann.

Irgendwann muss man aufhören, Geschichten anderer zu lesen. Irgendwann bist Du bereit, Deine eigene Geschichte zu schreiben.

WAS IST UNGLÜCK?

Die drei stärksten Gefühle, die uns krank machen sind Wut, Trauer und Angst. Sie hindern uns an einem freien und leichten Lebensgefühl. Manchmal tarnen sich die drei hinter anderen Gefühlszuständen und sind einem nicht bewusst.

Ein weiterer Unglücksfaktor ist das innere Gespräch mit sich selbst. Die Gedanken, die man gegenüber sich oder gegenüber dem Leben ausspricht. Es ist spannend, wenn man sich selbst bewusst einen Tag Zeit nimmt und sich zuhört. Sätze wie „ich bin nicht gut genug", „ich bin nicht liebenswert", „ich bin langweilig", „ich muss mehr leisten", „ich bin zu dick", „ich kann doch nicht" oder „was denken andere" sind nur Teile von kontinuierlichen inneren Dialogen, die uns von unserem Glück abhalten.

Aber auch Gefühle wie sich allein fühlen, keine Zeit für sich selbst haben, das Gefühl haben, immer funktionieren zu müssen, kraftlos, erschöpft, beklemmt oder blockiert zu sein und noch viele mehr lassen Selbstzweifel wachsen und machen uns traurig. Diese Gefühle manifestieren sich oft in einer Schwere, in Verspannungen, einem Druck auf der Brust, einem Klumpen im Magen, beengtem Atmen oder ähnlichem. Nicht selten schlagen sie uns auf die schwächste Stelle im Körper. Wenn wir uns dann selbst betrachten, fällt uns auf, dass der Glanz in den Augen und der aufrechte Gang verloren gegangen sind.

Besonders in unserer Kultur legen wir den Fokus überdurchschnittlich stark auf unsere Gedankenkraft. Gedanken, die tagtäglich kreisen und uns im Karussell keinen Schritt vorwärts bringen. Manchmal „zerdenken" wir die Dinge. Sie lassen unseren Kopf benebelt wirken und sind kraftraubend. Unsere Gedanken können im Grunde nur das verzeichnen, was wir wissen oder aus eigenen Erfahrungen erlebt und analysiert haben. Es entstehen Glaubenssätze, die uns eigentlich vor etwas bewahren wollen, aber uns im Gegenzug oft vom Glück abhalten.

Glaubenssätze können wir selbst aufgestellt haben oder wir haben sie von vertrauenswürdigen Personen wie zum Beispiel Eltern oder Lehrern übernommen. Sehr tiefgreifende Erfahrungen nehmen wir besonders von diesen vertrauten Personen mit, die unsere Gefühle nicht nur stärken, sondern auch schwächen oder verletzen können. In erlebten Angst- oder Schocksituationen sind wir für negative Suggestionen (Eingebung, Einflüsterung) besonders aufnahmefähig, weil in diesen Zuständen unser natürlicher Filter im Geist reduziert ist. Kleinkinder haben geringere Informationsfilter, weil der rationale Verstand noch nicht vollumfänglich ausgebildet ist. Darum sind sie sehr aufnahmefähig und adaptieren mehr, als sie selbst hinterfragen können. Ein tiefes Vertrauen in eine Person lässt uns weniger hinterfragen und mehr glauben.

Das eigene Unglück kann entstehen, wenn wir zu starr durch das Leben gehen, wenn wir festhalten und die Flexibilität fehlt. Denn erstens kommt es anders, und zweitens als man denkt. Die Sinnlosigkeit im Leben kann sehr einschneidend sein, wenn sich Menschen vermehrt zurückziehen und die Einsamkeit eine immer stärkere Dimension annimmt. Aber auch das Gegenteil der rastlosen Unruhe kann Menschen in die Verzweiflung bringen. Menschliche Handlungen basieren in der Regel immer auf Schmerz, Angst oder Liebe. Entscheide nun selbst, welches dieser drei Worte für Dich am meisten Kraft hat.

Glücklich sein bedeutet, Widerstände im Leben abzubauen und sich von Leid zu verabschieden. Es gibt verschiedene Arten von Widerständen. Widerstände können Glaubenssätze sein, Ängste, Sorgen oder eine Verneinung dessen, was ist. Vielleicht auch ein Weltbild oder ein Bild über sich selbst. Etwas, was uns daran hindert, in die Leichtigkeit des Seins einzutauchen und uns selbst zu leben. Erlösen wir uns von unseren eigenen Erwartungen und von den Erwartungen anderer Menschen, fühlen wir uns viel freier, spontaner und lebendiger.

Ich erlebe in den Hypnosesessions sehr viele Arten, die Menschen zurückhalten, frei zu leben. Meine Arbeit besteht darin, die Brücke zu bauen, um mit den eigenen Ressourcen und mit der eigenen Kraft in das persönliche Gefühl des Glücks und der inneren Freiheit einzutauchen.

Für mich sind es wertvolle Begegnungen mit besonderen, mutigen und fortschrittlichen Menschen. Viele fühlen sich wunderbar und möchten einen Weg für sich finden, um mehr in ihre Kraft zu kommen und ihr komplettes Potential auszuschöpfen. Also auch Menschen, die bereits sehr umfänglich mit sich selbst gearbeitet haben und Spass haben, noch mehr über sich selbst zu erfahren, ein spezifisches Thema zu lösen oder den einfachsten Weg für das Bevorstehende zu finden. Einfach Wellness für den Geist und die Seele zu betreiben. So wie eine wohltuende Massage unseren Körper frei und entspannt macht, ist dies auch für unser Innenleben möglich. Sich selbst frei, selbstbewusst, selbstvertraut und leicht zu fühlen. Einfach glücklich zu sein und mit Leichtigkeit zu leben.

DIE LÄNGSTE

REISE EINES

MENSCHEN IST

DIE REISE NACH

INNEN

DAS LEBENDIGE WECKEN

Viele Klienten berichten mir, dass ihnen das Atmen schwerfällt. Manchmal sind sie sich dessen bewusst, manchmal unbewusst. Sie atmen nicht mehr tief und richtig, nur noch oberflächlich. Wenn wir tief durchatmen können, leben wir eine Leichtigkeit und leben im Vertrauen. Dies bewusst zu verankern kann eine sehr einfache Lebensveränderung hervorrufen.

Oft haben wir den Weg stetig zu unserem Besten verfolgt und stecken nun irgendwie fest. Sei es, dass kein Fortschritt mehr passiert oder wir in einem relativ guten Leben stagnieren. Wir sehen viele positive Effekte, die wir uns erschaffen haben und wissen, dass wir eigentlich sehr zufrieden sein dürfen. Doch dieses Wort „eigentlich" beinhaltet so viel mehr. Eigentlich ist, dass wir erkennen, wohin wir es geschafft haben, wir aber trotzdem in einer gewissen Unzufriedenheit, Langeweile oder Funktion stecken, die uns nicht erfüllt. Selbstzweifel und Selbstreflektionsprozesse können entstehen. Oft können wir nicht sofort erkennen, was das eigentliche Problem darstellt. Denn wie gesagt, „eigentlich" ist ja alles sehr gut.

Einen solchen Prozess durfte ich vor ein paar Jahren durchlaufen, als mein Körper Signale sendete, Schmerzen und Starrheit mich blockierten. Die Müdigkeit und Schwäche am ganzen Körper verunmöglichten mir Leistung zu erbringen. Die Ohren entzündeten sich regelmässig, weil ich vieles „nicht mehr hören konnte" und so nur noch nach innen hören durfte. Der Schwindel nahm mir meine Orientierung und die Schlaflosigkeit, durch die Schmerzen hervorgerufen, liessen mich nicht mehr durch den Tag bringen. Mein Körper liess meine „unsichtbare" Seele sprechen. Ich selbst habe eine lange Zeit keinen wirklichen Ausweg gefunden und gesehen. Es fühlte sich für mich nach sehr viel Ungerechtigkeit an.

Wenn ich meinen Körper betrachtete und nach innen fühlte, fühlte sich alles nach Kampf und Schmerz an. Ich weiss, dass ich in meiner Vergangenheit auf meinem beruflichen Weg um sehr vieles kämpfen musste und mir selten geholfen oder etwas geschenkt wurde. Gleichzeitig wusste ich, dass mein beruflicher Weg richtig war, weil ich an verschiedenen Stellen sehr viel bewegen und auch sehr viel Freude erleben durfte. Doch nach einiger Zeit erschliessen sich einem die Zusammenhänge.

Ich sollte nicht mehr „leisten" sondern mit anderen Werten das Leben erfahren. Mir selbst mehr Wichtigkeit geben, das Leben mehr für mich selbst leben. Es kamen verschiedene Lebensthemen zusammen. Zusätzlich war für mich der „Kampf" mit der Schulmedizin besonders ermüdend und verzweifelnd. Diese Erfahrung hat mir die wenige Kraft, die ich damals noch hatte, komplett geraubt.

Ich spüre, dass sich immer mehr Menschen in diesen Situationen befinden. Die Leistung steht über dem Wohl der Person. Ich sehe die Anzeichen, ihren Ausdruck, ihre Handlungen und ihre Überlegungen. In dieser optimalen Funktionsrolle haben wir alles unter Kontrolle, wir rotieren, überlegen gezielt und handeln auf einem Topniveau. Wir geben sehr viel Energie nach aussen ab. Eigentlich scheint alles wunderbar zu funktionieren und doch ist alles so festgefahren und stagniert. Mein Vater verglich einen solchen Zustand mit einem „goldenen Käfig". Eigentlich meinte er, wenn mehr als genügend Geld vorhanden ist, sich die Person aber eingesperrt und nicht glücklich fühlt. Äusserlich hat man alles, was man haben kann und sich erwünscht, doch man hat eines nicht, sich selbst. Die eigene Persönlichkeit, die eigene Lebendigkeit und das eigene Wohlergehen. Die Macht, über sich selbst zu entscheiden und aus dem Herzen heraus zu handeln. Das Herz verkümmert mehr und mehr und die Taste „Funktion an" nimmt Überhand.

Das Leben ist zu einem gewissen Grad vorgeplant. Wochen und Monate im Voraus weiss man genau, was wann passiert und unternommen wird. Die Lebendigkeit des Augenblickes kann nicht mehr gelebt werden. Die Tage sind durchgeplant und strukturiert, so dass für die Natürlichkeit der Spontanität und für die Geselligkeit keinen Platz mehr bleibt. Die Gewohnheiten und der

Kalender bestimmen unser Leben zeitgenau. Die innere Stimme und die Intuition haben keinen Raum mehr. Die Sicherheit steht an oberster Stelle unserer Bedürfnispyramide. Oft wünscht sich unser Unterbewusstsein die Unbeschwertheit zurück. Ein freies Leben, frei davon, verplant zu sein. Am liebsten ein Leben ohne Uhr und ohne Termine, damit jeder Tag spontan und nach dem aktuellen Bedürfnis gelebt werden kann.

Wer mit der Sicherheit bricht, gewinnt Freiheit. Wenn wir den Mut haben, das Gewohnte und das Alte hinter uns zu lassen, beginnt das Abenteuer und die Freiheit. Dazu brauchen wir manchmal einen gewissen Leidensdruck, damit genügend Motivation dafür entsteht. Wenn wir wissen, in diesem Zustand und in diesem Leiden können wir sowieso nicht mehr leben, lassen wir los. Im Augenblick, in dem wir loslassen, beginnt das Leben wieder zu leben.

Lass Dich auf Situationen ein, die Du nicht kennst und Du wirst das Leben wieder spüren. Wenn das Lebendige zurückgekehrt ist, wird sich der Körper seiner natürlichen Funktion wieder annehmen.

Loslassen kann ein sehr schwieriger Prozess sein. Aber einer der wichtigsten überhaupt. Manchmal habe ich das Gefühl, dass wir zuerst eine Leere schaffen müssen, ein Loslassen, einen freien Platz, bevor etwas Neues kommen kann. So als ob wir die Speicherplatte leer räumen müssen, weil sie davor schon überfüllt war und wir keine neuen Erfahrungen mehr abspeichern können.

Wir dürfen uns erlauben, loszulassen was war. Die alte ICH - Identifikation ablegen und die neue ICH - Identifikation annehmen. Bildlich gesprochen ist das Leben zu einem alten Oldtimer geworden. Das Auto steht in der Garage mit vielen daran haftenden Emotionen. Es wurde viel Herzblut und unzählige Arbeitsstunden in die Aufbereitung investiert und er kostet tagtäglich Geld für den Garagenplatz oder die Zulassung. Aber eigentlich raubt er uns nur noch viel Energie und richtig ausgefahren wird er nicht mehr.

Erlaube Dir selbst, dass Du nicht perfekt bist. Jeder darf in eine Sackgasse laufen. Es ist keine Schande, denn es ist das Leben selbst. Erlaube Dir Fehler zu machen, weil wenn ein Fehler in der Buchstabenreihenfolge verändert wird, wird aus dem Wort „Fehler" ein „Helfer".

Einer der häufigsten Aussprüche ist, dass wir in der Phase der Funktionsrolle nicht vollkommen wertgeschätzt werden. Was absolut stimmt. Wir bekommen keinen Dank mehr für das, was wir sind, weil es im Automatismus verläuft. Unser Dienst dient einer Funktion und nicht mehr einem lebensfrohen Menschen. Die fehlende Wertschätzung ist sehr schmerzhaft, da viel Energie und Lebenszeit dafür investiert wird und diese sich uns als nicht mehr lohnenswert erscheint. Nicht mehr in den Augen anderer und nicht mehr in den Augen von uns selbst. Aber geben wir uns selbst die Wertschätzung, die wir wirklich verdienen? Haben wir uns nicht zu dem machen lassen, was wir jetzt sind? Haben wir irgendwo vergessen „nein" oder „stopp" zu sagen, weil wir unser Selbst schätzen? Unsere Lebendigkeit ist von uns gegangen. Spätestens dann, wenn wir krank werden, bleibt uns nichts anderes mehr übrig, als auf uns selbst zu schauen. Unseren Fokus auf das Innere zu richten und unsere Bedürfnisse achtsam wahrzunehmen. Wenn wir krank sind, sind wir oft bereit, die Werte von Sicherheit und Freiheit in ihrer Wichtigkeit zu tauschen.

Achtsamkeit gegenüber uns selbst und gegenüber dem Leben kann diese bewussten Vorgänge im Alltag wieder aktivieren. Bewusstes Essen und Trinken, bewusste Körperbewegung, Sport, einfach uns selbst wieder spüren. Die Wertschätzung gegenüber unserem Körper und immer mehr die Wertschätzung gegenüber unserer Seele und unserem Innenleben pflegen. Achtsamkeit mit unseren Gefühlen und Empfindungen wahrnehmen.

Die besten Entscheidungen sind immer die, bei denen Du im Moment der Entscheidung keine Gedanken hattest, ob die Entscheidung richtig oder falsch war – sondern Du sie einfach getroffen hast. Entscheidungen, die uns ins Leben zurückführen, unsere Lebenskraft stärken, die unsere Energie und Neugier beflügeln. Entscheidungen, die dem Leben dienlich sind und unsere Lebenslust aktivieren und verstärken. Entscheidungen, die uns in den Weg unserer Passion, in unsere Leidenschaft führen. Damit wir unsere eigene Erfüllung leben und erfahren.

Wenn Mut fehlt, kann Neugier ein sehr gutes Wort sein, um eine Brücke zu bauen. Neugier ist, hinter eine

rschlossene Tür zu blicken und zu wissen, dass man
der zurückkehren kann. Mut ist, die Tür hinter sich
z schliessen.

wichtigste Erkenntnis ist, dass man erst begreift und
vers eht, dass man sich in einer Komfortzone befindet.
Manchmal fühlt es sich doch mehr nach Kampf und einem
extremen Energieverschleiss an, als nach einer Komfortzone. Wer die Zone aber verlässt und sich Neuem hingibt, in
unbekannte Gebiete einwandert, gewinnt wesentlich an
Selbstvertrauen und Selbstbewusstsein. Sich seiner eigenen
Stärken und Schwächen bewusst werden und sich immer
tiefer selbst zu erfahren. Mit dem Ziel geerdet mit beiden
Beinen am Boden zu stehen.

Die Ironie des Ganzen ist, dass wir alle selbstbewusst
sein wollen und Selbstvertrauen haben möchten, aber wir
Sicherheit mit unserer gesellschaftlichen Ansicht an die
erste Stelle setzen. Dies widerspricht sich in sich selbst.
Alles darf in ein Gleichgewicht kommen.

Es gibt verschiedene Arten von Sicherheiten. Die äussere
Scheinsicherheit, die uns vermeintlich trägt, wollen wir
behalten. Einen sicheren Job, eine sichere Finanzierung,
eine sichere Beziehung und so weiter. Alles im Aussen. Die
einzige Sicherheit, die wir jemals erlangen können, ist in
uns selbst. Die innere Sicherheit und eine Flexibilität. Die
Sicherheit zu wissen, dass wir uns aus jeder noch so
schwierigen Lage befreien können, immer einen Weg finden werden und die Überzeugung, dass wir uns selbst ver-

trauen. Wenn wir mit den äusseren Sicherheiten brechen, oder bewusst unseren Fokus verlagern, können wir die innere Sicherheit wieder gewinnen.

Ängste nehmen uns unsere Lebendigkeit. Ängste hemmen das Leben und stärken die Unsicherheit. Fordere Dich immer wieder selbst heraus. Mach Deine eigene Challenge. Im Leben darf man immer wieder gegen sich selbst antreten, sich immer wieder neuen Herausforderungen stellen und wenn man sie gemeistert hat, gewinnt man an Stärke.

Was macht Dich lebendig? Wann fühlst Du Dich selbst voll im Leben und in Deiner Kraft? Wann kannst Du Deine Energie vollkommen entfalten? Wenn Du aus Deinem Inneren heraus lebst. Wenn Du Dein Inneres in diese Welt einbringen kannst. Deine Werte, Deine Bestimmung und Dein Sein lebst. Wenn Du spürst, aktiv am Leben teilzunehmen, aktiv etwas zu erschaffen und zu gestalten. Wenn Du selbst Fortschritte machst und deine Persönlichkeit wächst.

Stelle Dir selbst die Frage, was Dich lebendig macht und richte Dein Leben danach, damit Du noch mehr Kraft, Inspiration und Lebensenergie spüren kannst. Deine Entscheidungen dürfen energievoll sein und Dich auf Deinem Weg in die Leichtigkeit begleiten. Spüre das abenteuerliche Leben, ganz einfach, weil Du ein Teil des gesamten Lebens bist. Für viele Menschen widerspiegelt sich Lebendigkeit darin, wieder mehr Zeit in der Natur zu verbringen. Für andere weniger kopflastige Dinge zu tun, mit den Händen etwas zu erschaffen oder in einer anderen Form kreativ zu sein.

Ich glaube, dass es ganz wichtig ist, zu verstehen, dass nicht die Meilensteine, welche wir im Leben erreicht haben zählen. Es geht nicht darum, wie viel wir hatten, sondern wie wir es gemeistert oder durchlaufen haben. Mit welcher Einstellung und mit welcher Persönlichkeit wir uns auch den schwierigsten Herausforderungen gestellt haben und mit welcher Intensität wir gelebt haben. Wenn wir es auf diese Weise betrachten, haben wir alle ähnliche Grundvoraussetzungen.

Jeder hat gewisse Bedingungen bekommen und entscheidend ist, was wir daraus machen. Das ist aus meiner Sicht das Leben. Warum sind gewisse sehr erfolgreiche Menschen sehr unglücklich und von gewissen sehr armen Menschen könnten wir so viel lernen? Da stellt sich mir die Frage, wer wirklich „arm" ist. Ich glaube, wir dürfen dem Leben eine andere Perspektive geben. Warum nicht einmal den Blickwinkel verändern und versuchen, das Leben aus neuen Sichtweisen zu betrachten? Wenn wir es so ansehen, verlieren gewisse Dinge ihre Unfairness und unser Unverständnis.

Vielleicht gibt es andere Erklärungen, ich selbst bin ein unerfahrener Schüler des Lebens und werde mein Leben lang dazulernen. Es gibt einfach Ansichten, die für mich mehr Sinn machen, wenn ich sie anders betrachte. Zudem geben sie mir einen tieferen inneren Frieden und eine Versöhnung mit dem was ist. Vielleicht dürfen wir wertfrei einfach annehmen was ist, was uns das Leben gegeben hat. Wer kann schon entscheiden, was das Beste für uns ist? Viele ältere Menschen bereuen, nicht intensiver gelebt zu haben, nicht mehr ausprobiert oder sich selbst verwirklicht zu haben. Wir dürfen dieser Lebendigkeit mehr Ausdruck verleihen. Mehr zu leben, anstelle uns selbst zu konservieren.

Mein Entscheid damals, eine Lebensveränderung zu realisieren, war hauptsächlich damit begründet, dass ich meine Lebensenergie mehr für mich selbst nutzen wollte. Es brauchte eine Zeit, bis ich eine gewisse Enttäuschung, einen Kampf, eine Wut und eine Traurigkeit in eine Liebe zu mir selbst transformieren konnte. Eine Liebe zu mir selbst, damit ich mir meinen eigenen Wert gab und mich selbst wertschätzte. Mir war es am Schluss sehr wichtig, in einem Frieden und in der Liebe meine Lebensveränderung wahrzunehmen.

Wenn wir versuchen, es allen recht zu machen, vergessen wir den wichtigsten Menschen – uns selbst. Wenn unsere Energieressourcen aufgebraucht sind, können wir keine Energie mehr geben. Darum darfst und musst Du zu Dir selbst schauen, denn nur in Deiner Kraft kannst Du anderen helfen oder etwas zum Positiven verändern. Ein Aspekt, den viele zu Beginn mit Egoismus gleichstellen, doch mit der Zeit verstehen wir, dass es zwei komplett verschiedene Sachen sind.

In Deiner Lebenskraft und Lebensenergie bist Du das wirksamste Mittel überhaupt. Du kannst andere inspirieren, ihnen zuhören, Kraft und Inspiration schenken. Oft opfern wir uns für andere auf, weil wir anderen gefallen möchten. Doch leider opfern wir uns nur selbst, andere wollen, dass es Dir gut geht. Bei einer Lebensveränderung kann es ein wesentlicher Aspekt sein, dass wir das Lebendige wieder suchen und uns nach einer Entscheidung wieder viel lebensfroher und lebensbejahender fühlen.

Eine positive Ressource für die Lebensfreude kann unser eigenes inneres Kind sein. Es können auch andere Kinder sein, die wir in ihrem Tun und in ihrem Wesen betrachten. Kinder leben viel mehr im Jetzt. Sie hüpfen, springen und tanzen, was wir als Erwachsene oft vergessen haben. Kinder erachten kleine Dinge als grosse Lebensfreude und geben ihnen eine enorme Wertschätzung. Sie sehen im ganz Kleinen das ganz Grosse. Schauen wir zu, wie gewisse Kinder mit der Natur spielen und ihre Schönheit einfach wahrnehmen und erleben, spüren wir eine tiefe innere Stille der Zufriedenheit.

Kinder spielen und machen das, was ihnen Freude bereitet. Sie lernen am besten mit ihrer Neugier und ihrer spielerischen Freude am Tun. Sie lieben es, zu lachen und Lustiges zu tun. Manchmal sind sie aufgedreht und kaum zu stoppen. Sie weinen, wenn sie sich so fühlen. Sie leben alle Emotionen. Es gibt sicherlich immer Ausnahmen, je nach Alter und Lebensumständen. Aber grösstenteils erkennen wir dieses Muster. Wie fühlt sich Dein eigenes inneres Kind heute? Stell Dir einmal vor, Du würdest Dich selbst als Kind betrachten und würdest Dich als das damalige Kind neben die erwachsene Person, die Du heute bist, stellen. Was würde das Kind von damals über die erwachsene Person von heute denken?

Lebenskraft kann durch Kontraste im Leben verstärkt werden. Stell Dir einmal vor, wie Du ein heisses und ein kaltes Wasserbecken hast und abwechselnd das Becken wechselst. Nicht nur Dein Körper und Dein Stoffwechsel erhöhen die Funktion, sondern auch die innere Lebenskraft wird verstärkt. So wie Du Deinen Körper entschlackst und entgiftest, darfst Du dies auch für Dein Innenleben tun. Die Wasserbecken können auch auf andere Lebensbereiche adaptiert werden. Powern wir uns sportlich richtig aus, geniessen wir im Anschluss die Ruhe und die Erholung. Sind wir unter vielen Menschen, wertschätzen wir die Stille. Sind wir oft alleinwirksam tätig, geniessen wir einen schönen Abend unter Freunden umso intensiver.

Leider ist das Thema vom unerfüllten Kinderwunsch ein sehr weit verbreitetes Anliegen. Die Lebendigkeit des Selbst, das Vertrauen in das Leben und die Liebe zu sich selbst können hier sehr wesentliche Punkte sein. Es gibt viele Aspekte und es ist ein sehr umfängliches und unbegrenztes Kapitel, welches ich hier nicht abschliessend behandeln möchte. Zusammenfassend aus den Sessions kann ich eine Tendenz aufzeichnen, weil wir bei diversen Frauen über das Unterbewusstsein zu diesen Antworten kamen. Sei es, dass sie sich im Inneren nicht lebendig fühlten, den eigenen Körper ablehnten oder auch unerfüllte Sehnsüchte und die Liebe zum Leben nur reduziert lebten.

Manchmal kann es sein, dass ein Wunsch so stark ist, dass wir dem Leben die Lebendigkeit nehmen. Dann sind wir zu stark im Kopf, überlegen uns alle Dinge, die wir machen müssen, damit unser Wunsch Wirklichkeit werden kann. Habe Vertrauen, Dein Wunsch wurde gehört, und lebe weiter. Lebe in den Gefühlen und in der Spontanität, nicht im Verstand und in den Gedanken. Viele Menschen mit Schlafstörungen, welche mich aufsuchen, haben genau dieses Muster. Sie kennen alle Tipps und Tricks, um in einen tiefen Schlaf zu gelangen. Sie machen sich viele Gedanken, was sie noch verbessern können, weil der Wunsch des Schlafes riesig ist. Dabei wird alles gesteuert, alles wird ein Mechanismus. Meine Klienten schlafen wieder – nicht, weil wir eine Schlaftechnik erarbeitet haben – sondern weil wir die Technik losgelassen haben und sie zurück in das Vertrauen gefunden haben. Bei diesen Themen kann der Kopf so stark Überhand nehmen, dass die Freude am Prozess verloren geht.

Erlaube Dir selbst, das Leben zu Deinem Leben zu machen. Erlaube es Dir, Neues zu erfahren und das Leben selbst in seiner ganzen Fülle zu erleben. Denn das, was unser grauer Alltag sein kann, ist nicht das Leben. Das Leben wird dann faszinierend und spannend, wenn wir das Leben spüren. Das Leben mit unseren Gefühlen anstelle unserer Gedanken wahrnehmen. Die Magie und den Zauber erkennen. Vielleicht mittendrin auch Dinge, die wir mit unserem rationalen Verstand nicht erklären können. Denn wer nur mit dem Verstand lebt, hat das Leben nicht verstanden. Dinge, die wir nicht sehen, sondern nur spüren können. Dass wir das ganze Leben nicht nur mit unseren anatomischen Augen erfahren können, sondern dass wir viele weitere Sinne dazu benötigen, um das Leben zu verstehen und in seiner ganzen Fülle wahrzunehmen.

Faszination ist, wenn Du plötzlich merkst, dass Du viel mehr bist, als Du eigentlich meinst. Dass Du viel mehr bewirken kannst und Deine eigene Begrenzungen nur in Deinen Gedanken oder Gefühlen liegen. Die Unendlichkeit bekommt dann eine andere Bedeutung. Lebe mit dem Leben und nicht gegen das Leben. Entscheide Dich immer für das Leben, für die Lebenskraft und für die Lebenslust. So sagst Du Ja zum Leben und Ja zu Dir selbst. Das Leben wird Dich führen und unterstützen. Lass Dich leiten. Unsere wahre Aufgabe ist es, glücklich zu sein.

Illustration: Lebendiges Leben

BERGE SIND
STILLE MEISTER
UND MACHEN
SCHWEIGSAME
SCHÜLER

JOHANN WOLFGANG
VON GOETHE

WIR SUCHEN IM AUSSEN, WAS WIR NUR IM INNEREN FINDEN KÖNNEN

Der Spiegel Deines Abbildes ist im Inneren zu finden. Die innere Kraft, die innere Stärke, die Wahrnehmung und die Geborgenheit. Alles was sich für Dich im Aussen nicht stimmig anfühlt, darfst Du nach innen wenden und den inneren Frieden in Dir selbst finden. Die Situationen und Gefühle, welche sich im Aussen für Dich unstimmig anfühlen oder wiederkehrend sind, dürfen in sich selbst eine Gelassenheit finden. Unsere innere Welt widerspiegelt sich im Aussen. Also können wir im Umkehrschluss sagen, dass wir im Inneren unsere äussere Welt verändern.

Hier beginnt unser Selbstverantwortungsprozess. Schliessen wir nicht auf andere oder verurteilen andere, beginnen wir in uns selbst den Veränderungsprozess. In den Sessions gehen wir gezielt auf diese Themen ein, um unsere Gefühlswelt zu verändern. Denn sehr oft sind es Gefühle, die uns sozusagen fehlen, um uns vollkommen und stark zu fühlen. Irgendwo auf dem Weg des Lebens sind diese Gefühle reduziert, nicht gestillt oder verletzt worden oder blieben sogar unbeachtet.

Füllen wir diese Gefühle mit unseren eigenen Ressourcen auf, entsteht eine innere Ruhe und Gelassenheit, eine innere Freiheit, so dass wir uns im Jetzt glücklich fühlen. Sehr häufig wünschen wir uns das Gefühl der Geborgenheit. Geborgenheit ist eine Wärme, eine Liebe, ankommen, akzeptiert sein, ein Wohlgefühl der besonderen Art. Wenn wir dieses Gefühl bereits ausstrahlen und wir uns voll davon fühlen, müssen wir es nicht mehr im Aussen suchen und können auch anderen Menschen diese Geborgenheit, Wärme, Liebe oder Akzeptanz vermitteln. Was wir sind, strahlen wir aus.

Das Innere ist der Inbegriff der eigenen Wahrheit. Wenn wir nach innen schauen, erkennen wir sie und wachen auf. Wir verstehen die Zusammenhänge und Kreise schliessen sich. Diffuse Gedankenmuster, die immer wieder auftauchen, ergeben plötzlich einen Sinn und einen erklärbaren Zusammenhang der kompletten Struktur. Wenn wir diese unbewussten Vorgänge ins Bewusstsein holen, können unsere neuen Denkmuster und Verständnisse anders wirken. Wir finden Frieden mit Lebenssituationen. Eine Befreiung einer jahrelangen Blockade, eines Denkmusters oder einer Verletzung darf geschehen.

Wie das Innen und das Aussen sich ergänzen und sich widerspiegeln, kann ich Dir mit einem sehr eindrücklichen Erlebnis aus meiner Arbeit zeigen. Es kam eine Klientin mit einer Katzenhaarallergie zu mir. Sie suchte mich auf, weil sie die Katzen doch so sehr mag, aber sie selbst mit Juckreiz reagiert. Wir haben die Situation in ihrem Inneren angesehen. In einer einzigen Session konnten wir das Thema auflösen und sie kann die Katzen wieder streicheln. Heute ist sie komplett von der Allergie befreit. Was wir gemacht haben? Es gab vergangene Situationen mit Mitmenschen, bei denen sie sich nicht richtig ausdrücken konnte. Sie hat sich entweder zurückgezogen oder ihre Mitmenschen überfordert. Die Klientin durfte ihrer feinen und sanften Wesensart mehr Ausdruck verleihen. Wenn sie anders auf die Katzen oder Mitmenschen zugeht, reagiert sie selbst nicht mit Juckreiz.

Ich denke, diese Erkenntnis von Innen und Aussen kann nur mit Eigenerfahrung bestätigt werden. Ich könnte das lange erklären, aber der Glaube dafür kommt mit dem Tun und mit den Erfahrungsprozessen, die jeder für sich selbst machen darf. Und für jeden zu dem Zeitpunkt, der für ihn richtig ist. Manchmal sind wir noch nicht bereit, uns diesen Erfahrungen zu stellen. Oft ist diese Ablehnung mit Ängsten verbunden. Manchmal finden wir, für eine Person wäre eine gewisse Erfahrung sehr hilfreich und wir möchten sie dazu bewegen, etwas zu unternehmen. Aber das Einzige, was wir tun können ist, ihr davon zu erzählen und sie in das Wissen dessen zu setzen. Das Leben wird selber entscheiden, wann eine Person dazu bereit ist, anzunehmen. Lassen wir den Prozess einfach laufen und vertrauen dem Leben. Wenn das Leben sich dafür entscheidet, wird die Person sowieso etwas tun.

Momentan lebt die Gesellschaft mehr im Aussen als im Innen. Wir versuchen alles im Aussen bereitzustellen und nehmen an, damit ein glückliches Leben zu haben. Wir kaufen Dinge, die wir nicht brauchen, von Geld, das wir nicht haben, um Menschen zu beeindrucken, die wir nicht mögen. Wir nehmen an, wenn wir uns alle Wünsche erfüllen können, haben wir die Spitze des Berges erreicht. Doch denken wir immer daran – alles, was wir besitzen, kann auch uns besitzen. Mit allem, was wir besitzen, gehen wir wieder Verpflichtungen ein. Wenn wir uns zum Beispiel eine Pflanze kaufen, gehen wir die Verpflichtung ein, ihr Wasser zu geben, sie zu schneiden und sie regelmässig zu pflegen. Nehmen wir ein Amt ein, gehen wir die Verpflichtung ein, diesem Amt zu dienen.

Die Finanzkraft und der Wohlstand sind das eine, indem wir das Glück im Äusseren darstellen, doch es gibt noch anderes. Zum Beispiel kann es auch sein, dass wir versuchen, dem Inneren zu erklären, dass das Aussen so ist und das Innere darf und muss das akzeptieren. Wir untergraben das Innere auf verschiedene Arten. Aus meiner Sicht dürfen wir die komplette Einstellung wenden. Anstelle von Aussen nach innen zu leben, dürfen wir von innen nach Aussen leben. Wie wäre es denn, wenn wir unser Inneres nach Aussen tragen und wir so zusätzlich in unser volles Potenzial gelangen würden? Weil wir unsere innere Welt auf diese Weise nicht verleugnen, sondern ihr die volle Macht geben und unsere Werte und Ansichten in die Welt hinaustragen.

Wenn jeder Mensch seinen eigenen Wert kennt und diesen nach aussen lebt, entsteht eine Welt voller Farben.

Ich bin überzeugt, dass die grundsätzliche Akzeptanz und der Respekt gegenüber den Mitmenschen um ein Vielfaches gesteigert würde. Wenn jeder das tut, was er kann und was ihn glücklich macht, kann Freundlichkeit entstehen. Wenn jeder mit sich selbst im Reinen und zufrieden ist, braucht er keinen anderen zu verurteilen oder kleinzumachen, weil er andere akzeptiert und versteht.

Was wäre, wenn wir uns gegenseitig unterstützen würden, damit jeder leuchten und strahlen darf? Wenn wir verstehen, dass es hier nicht um einen Konkurrenzkampf geht, sondern um ein Miteinander? Wenn wir alle in die gleiche Richtung gehen, kann sich etwas verändern. Wenn wir uns gegenseitig stärken, werden wir selbst stark. Mach andere gross und Du wirst selbst gross. Wenn jemand fröhlich ist, geniesse es, geniesse die sonnigen Menschen in Deinem Umfeld und Du erkennst, dass Dir diese Menschen gut tun.

Wenn wir das Innere nach aussen tragen, zu uns selbst stehen und uns selbst akzeptieren, sind wir immer richtig. Weil wir wissen, dass wir zu jedem Zeitpunkt unseres Lebens das Bestmöglichste getan haben und die beste Version von uns selbst gelebt haben. Deine eigene Zufriedenheit wird immer da sein. Und falls wir diese Welt eines Tages verlassen müssen, sind wir im Wissen, dass wir zufrieden gehen können. Jederzeit, egal wann dieser Zeitpunkt ist. Am Ende unserer Tage ist es entscheidend, wer wir in diesem Leben waren.

Eine sehr schwierige Aufgabe im Leben besteht darin, sich von den Ablenkungen des Lebens nicht leiten zu lassen. Das Aussen kann so kraftvoll sein, dass wir immer wieder, wie automatisch, in diese Führung gelangen. Ob in materiellen Dingen oder in den Gedanken selbst, weil wir zum Beispiel anderen gefallen möchten, weil wir in das System passen möchten etc. Es spricht nichts dagegen, sich ein schönes Auto oder ein Wohlfühlzuhause zu gönnen oder eine schöne Reise zu unternehmen. Wir dürfen das Leben mit allen Facetten geniessen. Wichtig ist nur die innere Einstellung dazu. Mit welchem Grundgedanken und welchen Gefühlen wir dies machen. Die Ablenkungen des Lebens können uns davon ablenken, uns selbst wahrzunehmen.

Das Geheimnis ist, dass wir heute bereits wichtig sind. Wir müssen nichts in dieser Welt leisten oder tun, wir sind als Mensch selbst – als Wesen, welches wir bereits sind – vollkommen. Denn Du bist Du. Niemand kann so sein wie Du. Zu sich selbst zu finden ist kein 7 - Tage-Projekt. Es ist ein langer Prozess und beinhaltet viele Meilensteine.

Die beste Erklärung dafür finde ich ein wundervolles Zitat von Paulo Coelho:

„Vielleicht geht es auf dem Weg nicht darum, irgendetwas zu werden, vielleicht geht es darum, alles abzuwerfen, was wir nicht sind, damit wir sein können, wofür wir bestimmt sind."

Anfangs konnte ich dieses Zitat nicht richtig einordnen und es brauchte eine gewisse Zeit, bis ich verstehen konnte und ihm die Wahrheit zusprach. Ich habe selbst das Gefühl, dass es mir auf meinem Lebensweg immer besser geht, weil ich immer mehr loswerde, was ich nicht mehr bin, nicht sein will und ich immer mehr bin, wie ich bin. Auch bei anderen Menschen stelle ich dieses Phänomen fest. Umso mehr Müll wir entsorgen, Gedankenmuster und Glaubenssätze abwerfen, Gefühle verändern, umso mehr gelangen wir zurück zum Leben selbst und zu uns selbst. Und somit in die Einfachheit. In die Einfachheit und in die Grundsätze des Lebens.

Wer versteht, dass die Einfachheit die wahre Kunst im Leben ist, kann verstehen, dass wir selbst auch in diese Einfachheit zurückkehren dürfen. Die Einfachheit braucht aber ein sehr hohes Verständnis. Diese Einfachheit können wir auch in erfolgreichen Unternehmensstrukturen erkennen, im Marketing oder in einer simplen Gebrauchsanleitung. Weniger ist manchmal viel mehr.

In anderen Worten ausgedrückt ist es die Erinnerung an uns selbst. Erinnern wir uns daran, wer wir wirklich sind. Werden wir alles los, was wir nicht sind, um die Erinnerung an uns selbst wachzurufen. Die Stille hilft uns, dieses Hinhören zu verstärken. Die Stille kann vieles abschalten, um das Innere anzuschalten. Die Gefühle, die innere Stimme und unser Sein, zu erkennen, wer wir wirklich sind. Wir können Brücken zu dieser Stille nutzen, wie zum Beispiel Yoga, Meditation, eine lange Wanderung, eine Reise, den

Sternenhimmel betrachten oder das Rauschen des Meeres hören. Oft beginnen wir in diesen Momenten wie automatisch uns an uns selbst zu erinnern.

Je besser wir uns selbst kennen, umso weiter entfernt sind wir von der Angst. Denn wir wissen, wer wir sind und wie wir handeln können. Wir wissen, dass wir uns auf uns selbst verlassen können und dass die Verbundenheit mit dem Leben da ist. Wir verstehen, dass wir niemals auf dieser Welt allein sein können. Denn wir sind ein Teil des Ganzen. Wir selbst entscheiden, wer wir sind. Die Tür zum Leben geht nach innen auf. Wenn wir das Aussen und das Grosse nicht verändern können, kümmern wir uns im Kleinen (in unserem Lebensumfeld) darum, dass eine schöne Atmosphäre herrscht. Mehr müssen wir nicht tun. Von den Lastern Gier und Hochmut dürfen wir uns definitiv verabschieden. Diese Inhalte bringen uns von uns selbst weg.

Ich selbst bin nicht der Moralapostel, und ich zeige Dir nur Wege auf, um dem eigenen inneren Frieden und einer Glückseligkeit näherzukommen.

Das Beste, was wir jemals sein können, ist hier zu sein. Es ist wichtig, Mensch sein zu können. Ich darf ein Mensch sein, ein Mensch, der auf dem Weg ist. Ein Schüler des Lebens, der lernt.

Geniesse, lache und lebe. Lebe in vollen Zügen und lerne alle Facetten des Lebens kennen. Tanze und singe und spüre die Freude und die Ausgelassenheit.

YESTERDAY I WAS

CLEVER, SO I WANTED

TO CHANGE THE

WORLD. TODAY I AM

WISE, SO I AM

CHANGING MYSELF.

–

GESTERN WAR ICH

CLEVER UND ICH

WOLLTE DIE WELT

VERÄNDERN. HEUTE

BIN ICH WEISE UND

VERÄNDERE MICH

SELBST

Illustration: Im Inneren verändern wir unsere äussere Welt

MACHT UND OHNMACHT – WIE WIR VERSUCHEN UNSER LEBEN ZU KONTROLLIEREN

Das Verrückte ist, dass ich hier regelmässig unseren Blickwinkel auf das Leben ändern darf und ich frage mich an dieser Stelle gleichzeitig, wer oder was den Blickwinkel jemals verändert hat? Das gäbe wohl ein anderes Buch, woher alle diese Überzeugungen stammen. Also zurück zum Thema. Ja, wir können unser Leben bestimmen, aber nein, eigentlich haben wir gar keinen Einfluss, es kommt, wie es kommen darf und das meistens zu unserem besten Wohl. Das Verhältnis ist nur richtig anzusetzen. Beide Überzeugungen haben ihre Wahrheit.

Wir glauben, wir können unsere Lebensereignisse steuern, Pläne schmieden und andere Menschen beeinflussen. Nein, das können wir nicht. Da haben wir keine Macht, hier dürfen wir die Kontrolle abgeben. Auch wenn Du es versuchst, es wird Dir mit einer grossen Wahrscheinlichkeit nicht gelingen.

Die Macht, die wir haben, ist die Macht über uns selbst, wer wir sind und wie wir auf Geschehnisse reagieren. Wir können uns ärgern, doch wir sind nicht dazu verpflichtet. Wir entscheiden, wie wir diese Welt sehen, wie wir uns verändern möchten und wie wir im Inneren unsere äussere Welt beeinflussen. Dies kann man auch als Selbstverantwortung jedes einzelnen Menschen bezeichnen, der sich nicht von aussen kontrollieren und steuern lässt, sondern in sich selbst in seiner eigenen Verantwortung steht und über sich selbst entscheidet. Seiner eigenen Wahrheit und seinen eigenen Werten treu bleibt und für sich selbst einsteht. Hilfe anbietet, wo Hilfe angenommen wird und erforderlich ist.

Sei ein guter Mensch und inspiriere durch Dein Sein und Deine Taten andere. Freundlichkeit ist kein Akt, es ist ein Lebensstil. Mit der Vorbildfunktion können wir andere Menschen inspirieren und verändern, weil sie sehen, dass wir glücklich sind und sie dies in sich selbst ebenfalls möchten. Sei immer freundlich zu unfreundlichen Menschen, denn die benötigen es am meisten. Versuche nicht, ihnen Deine Hilfe aufzudrängen, sondern lasse sie zu Dir kommen, bis sie Deine Hilfe erfragen. Du kannst Deine Hilfe anbieten, aber lasse ihr Nein auch Dich erreichen.

Die beste Hilfe, die wir unseren nahestehenden Personen anbieten können, ist einfach (da wäre wieder das Wort „einfach") für sie da zu sein. Oft wollen die Menschen nichts anderes und nur spüren, dass sie unterstützt werden, dass ihnen jemand zuhört, dass jemand an sie glaubt oder sie in den Arm nimmt. Das gibt ihnen meist so viel Kraft, dass sie ihre Probleme selbst bewältigen können.

Wir haben immer die Macht über uns selbst. Oft fühlen wir uns aber in der Ohnmacht oder in der Hilflosigkeit. Woher kommt das? Weil wir versuchen, unsere äusseren Lebensumstände zu verändern und zu kontrollieren. Wenn wir das Wort „Kontrolle" mit „Vertrauen" tauschen, wird der Unterschied sofort wahrgenommen. Wir dürfen die Lebensumstände in das Vertrauen legen, dass das Leben seinen Plan hat. Haben wir wirklich die Macht, darüber zu entscheiden, was gut für uns ist, wenn wir nicht einmal definitiv und abschliessend klären können, was das Leben grundsätzlich ist? Welchen Sinn es beinhaltet oder was vor der Geburt und nach dem Tode passiert.

Hier würde ich mich auch ohnmächtig und hilflos fühlen, wenn ich diese Entscheide fällen müsste. Darum dürfen wir diese riesengrosse Verantwortung dem Leben abgeben. Diese grosse Bürde liebevoll in ein Schiffchen des Vertrauens legen und dieses auf den Fluss des Lebens führen. Mit Liebe loslassen und vertrauen, dass das Leben das Beste für Dich machen wird. Weil das Leben in seinem Grundsatz immer für uns ist und nicht gegen uns.

Wenn wir nun dieses Schiffchen und diesen Fluss betrachten, spüren wir vielleicht eine Demut gegenüber der Natur, dem Leben oder dem Universum. Ein Gefühl der Überwältigung und der Schönheit des Grossen und dem Ganzen. Wir spüren vielleicht, dass wir nur ein Tropfen in einem riesengrossen Ozean sind. Doch der Ozean ist nichts ohne jeden einzelnen Tropfen, den wir selbst sind. Wahren wir diese Hochachtung gegenüber dem, was ist.

Jetzt können wir sehen, wer wir wirklich sind. Wir spüren eine innere Stimme, die uns etwas sagen möchte oder wir spüren eine innere Tatkraft, eine Motivation, etwas zum Guten zu bewegen. Aus dem Inneren heraus können wir nun wirken.

Das innere „Warum" ist die stärkste Antriebskraft. Unsere innere Überzeugung, „warum" wir etwas tun. Warum wir hier in der Welt etwas bewegen möchten. Welche Überzeugungen, Gedanken und Gefühle spielen hier mit? Das innere „Warum" wir etwas tun, ist die höchste Form der Motivation, beziehungsweise der Inspiration.

Menschen, die beispielsweise für eine Organisation arbeiten (wie die Säuberung der Ozeane) brauchen keine Motivation, weil das innere „Warum" so stark ist, dass sie den Sinn dahinter erkennen und es aus eigenem Willen heraus tun. Sie erkennen und stehen am Morgen gerne auf, weil sie weitermachen können. Finden wir unser eigenes „Warum" wir etwas tun, was uns Sinn und Erfüllung gibt, brauchen wir keinen Antrieb, wir sind der Antrieb selbst.

Ein anderes Beispiel hierfür ist ein Coiffeur-Lernender. Wenn er Haare schneidet, weil er eine Lehre machen muss, muss er regelmässig vom Lehrmeister motiviert werden. Im

Gegensatz dazu ein Coiffeur-Lernender, der Haare schneidet, weil er weiss, dass er durch die wunderbaren Frisuren die Menschen glücklich und selbstbewusst macht und damit die Welt zu einem schöneren Ort gestaltet. Er hat genügend Inspiration und er braucht keine Motivation des Lehrmeisters.

Ein weiteres Beispiel erkennen wir bei Studenten. Wenn der Lehrer ihnen die Materie beibringen muss, dann sind die Zuhörer oft gelangweilt. Kann er ihnen aber die Emotionen und den Wissensdurst vermitteln, werden die Schüler mitgerissen. Wenn Du ein Schiff bauen willst, dann vermittle Deinen Arbeitern nicht die Arbeitsanleitung, sondern lasse sie die Sehnsucht des offenen Meeres spüren.

Wir verstehen, dass wir nicht mehr so viel Kraft und Energie an andere und an viele weitere Dinge, die wir nicht kontrollieren können, abgeben müssen. Dementsprechend können wir unsere Energie für uns nutzen und einen Fokus im Leben finden. Das ist der richtige Weg, um vieles bewirken zu können. Wenn wir unsere Energie so gezielt nutzen, dient es uns und dem Leben. Dieser Zustand, indem wir auf unsere innere Stimme hören, in diesem Zustand, in welchem wir im vollen Umfang dem Leben vertrauen, im Jetzt leben und aus unserer Intuition heraus leben, wird auch als wunderbarer Flow bezeichnet.

Dafür brauchen wir einen klaren und freien Kopf, viel Hingabe und ein unendliches Vertrauen. Es braucht ein gewisses Training, sich dieser inneren Stimme, dem Bauchgefühl oder der Intuition annehmen zu können, oder diese inneren Wegweiser überhaupt zu sehen und zu hören. Dieser Flow ist ein unbeschreibliches Gefühl. Es ist etwas Wundervolles und Schönes. Ein Gefühl, dass wir vom Leben getragen werden und wir irgendwie immer zum richtigen Zeitpunkt am richtigen Ort sind. Es ist eine Leichtigkeit des Seins, ein Lebensgefühl, in dem das Leben echt vibriert. Wir werden vom Leben selbst verblüfft.

Ein weiterer Funken Magie ist der „Zauber des Anfangs". Der Zauber des Anfangs ist die allererste Sekunde, bevor wir nachdenken. Welches Gefühl können wir dann spüren? Wenn Du zum Beispiel eine Entscheidung fällen darfst, versuche einmal bewusst diesen Funken, bevor die Gedanken einsetzen, wahrzunehmen. Weil wir dann im Gefühl sind und die innere Weisheit verstehen können.

Eine andere und besondere Entscheidungshilfe, die Du bei einem Freund unbedingt einmal anwenden darfst, ist folgende: Sag Deinem Freund, wir werfen, um die Entscheidung zu fällen, eine Münze. Nehmen wir ein völlig simples Beispiel, es geht darum, ob wir die weisse oder die blaue Mütze kaufen sollen. Nun sagst Du ihm, dass Kopf die blaue und Zahl die weisse Mütze ist. Du wirfst die Münze und sobald sie auf Deine Hand fällt, hältst Du sie weiterhin verdeckt. Du fragst Deinen Freund: „Sei ganz ehrlich, auf was hast Du gehofft, Kopf oder Zahl?" In den meisten Fällen ist es egal, wie sie landet, weil schon beim Hochwerfen werden wir merken, auf was wir hoffen.

Eine andere von mir entwickelte Entscheidungshilfe ist, dass Du je eine mögliche Antwort auf je einen gleichaussehenden weissen Zettel schreibst. Die beiden Zettel faltest Du identisch oder Du lässt sie sogar durch eine Zweitperson falten, damit es für Dich unmöglich ist, zu wissen, auf welchem Zettel welche Antwort steht. Nun nimmst Du je einen Zettel in eine Hosentasche. Also einer auf der linken Seite und einer auf der rechten Seite, ohne zu wissen, welcher Zettel auf welcher Seite ist. Verbringe nun den Tag mit diesen beiden Zetteln in Deinen Hosentaschen. Fühle immer wieder hinein, welche der beiden Seiten sich für Dich stimmiger anfühlt. Welche der beiden Seiten gibt Dir ein wohliges und warmes Gefühl und welche Seite raubt Dir beispielsweise eher den Atem? Wenn Du Dir sicher bist, dass die Gefühle auf jeder Seite immer gleich sind, dann darfst Du die Zettel öffnen und sie Dir ansehen. Entscheide Dich für den Zettel mit dem positiven Gefühl. Ich habe diese Variante mit mir selbst und mit Fremdpersonen schon mehrmals getestet. Verblüffend.

Es gibt Dinge, die können wir nicht entscheiden und Dinge, die wir entscheiden können. Wir dürfen die Kontrolle abgeben für Dinge, die wir nicht beeinflussen können und die Kontrolle für unser eigenes Selbst übernehmen.

Weil das Thema Vertrauen so viel bewegen kann und uns so viel Leichtigkeit verschaffen kann, widme ich das nächste Kapitel diesem starken Gefühl.

NACHDENKEN

KANN MAN

NUR DANACH

VERTRAUEN – EIN WICHTIGES SCHLÜSSELWORT

Fast jeder Mensch fühlt sich am Meer wohl. Wenn er in die Weite des Ozeans blickt und diese Stille erkennt, das Rauschen des Meeres hören kann und den Sand unter den Füssen spürt. Einige haben dieses Gefühl auf Bergspitzen, wenn sie über alles hinwegsehen können. Egal wo in der Natur wir uns zu Hause fühlen, irgendwie schaltet unser Denken aus und wir spüren alle dieses Urvertrauen. Ein Urvertrauen, dass alles seine Richtigkeit hat und wir einfach in dieses Gefühl dieser Unendlichkeit und dieser Ruhe eintauchen dürfen. An diesen Orten schöpfen wir Kraft, Ruhe und Gelassenheit.

Damit wir nicht zwingend konstant an diese Orte reisen müssen, lassen wir diese Gefühle immer mehr unseren Alltag bestimmen. Adaptieren wir diese Gefühle von diesen Kraftorten in unseren Alltag hinein. Versuche immer mehr und mehr das Ich vom Meer oder in den Bergen jeden Tag zu leben. Jeden Tag so zu leben, als würdest Du Dich gerade an einem solchen Ort aufhalten. Bewältige immer öfters Situationen aus dieser Stärke und Ruhe heraus. Wenn es Dir anfangs schwerfällt, kannst Du dieses „Ich vom Meer" oder von den „Bergen" wie einen tollen Ratgeber und Freund an Deine Seite ziehen. Wie würde dieser Freund Deine Alltagssituation bewältigen? Wie würde er reagieren? Wie würde er handeln? Was braucht Dein aktuelles Alltags - ICH, um sich genauso fühlen zu können wie Dein starkes ICH von diesem Kraftort?

Ein anderes Bild, welches ich Dir mitgeben möchte, ist die Natürlichkeit und eine gewisse Selbstverständlichkeit. Wenn wir bewusst sehen, wie zuverlässig die Sonne jeden Tag auf- und untergeht, wie die vier Jahreszeiten jedes Jahr prompt zurückkehren, wie Dein eigener Körper von Beginn an in sich selbst funktioniert, warum machst Du dir dann so viele Gedanken? Wie ist es für Dich, wenn Du Dich selbst als einen Teil dieser Natur siehst? So selbstverständlich wie der Regen oder der Wind? Wie kann Dein eigener Körper unwillkürlich funktionieren? Wie kann ein Körper neues Leben schenken? Neues Leben wachsen lassen? Könnte es sein, dass wir mit unseren Gedanken teilweise zu stark in den natürlichen Prozess eingreifen möchten? Die Psychosomatik zeigt uns dieses Phänomen sehr stark. Wenn wir uns geistig verkrampfen, kann sich beispielsweise auch der Darm verkrampfen und er wird verstopfen. Dies ein winziges Beispiel dieser ganzen Prozesse.

Als ich selbst krank war, habe ich eine lange Zeit eines nicht verstanden. Ich musste loslassen. Mein Ehrgeiz und mein Wille haben mich in meinem Leben so weit gebracht und ich wollte damit wieder ins Leben zurückfinden, weil ich wusste, dass mein Wille Berge versetzen kann. Doch ich habe nicht verstanden, dass ich einen Schritt zurücktreten und mich dem Leben hingeben darf. Die ganze Last loslassen, um zu sehen, was passieren wird. Ich habe dem Leben seine eigene Lebendigkeit genommen. Durch den Loslösungsprozess habe ich dem Leben wieder seine Natürlichkeit zurückgegeben und alles konnte heilen und sich regenerieren.

Der Selbstheilungsprozess wurde aktiv. Ich habe so viel geschlafen, wie noch selten in meinem Leben. Im Schlaf hat mein Körper wieder Rhythmus und Energie gefunden. Ich spüre heute immer noch, wenn mein Wille zu stark wird, dass mein Körper sofort mit Energieverlusten reagiert. Bin ich im Vertrauen und in der Ruhe, kann mein Körper optimal funktionieren. Ich werde dazu aufgefordert, mit dem Leben zu gehen und nicht gegen das Leben zu wirken. Denn oft, wenn einem solche Geschehnisse widerfahren, man sich irgendwie komplett im falschen Film und unverstanden fühlt, darf man loslassen. Man muss keine Angst haben, weil das Leben etwas Besseres mit einem geplant hat. Wenn wir loslassen was ist, können wir das erhalten, was wir benötigen.

Es gibt verschiedene Arten von Vertrauen und doch gehören sie wahrscheinlich alle zusammen. Das Urvertrauen in das was ist, das Vertrauen in das Leben selbst und das Vertrauen in Dich.

Das Vertrauen in Dich selbst ist ein weiterer wesentlicher Aspekt. Zum Teil haben wir es in diesem Buch bereits angesprochen. Wenn Dir das schwer fällt, schliesse Deine Augen und visualisiere alle starken Momente auf Deinem Lebensweg, in denen Du dieses Vertrauen in Dich selbst gespürt hast. Mache nun jedes Ereignis als ein Glied einer Kette und lege diese Kette in Deine Mitte, in Deinen Bauch, in Dein Herz oder in Deine Brust. Spüre, wie oft Du dieses Vertrauen bereits gespürt hast. Falls solche Momente in Deinem vergangenen Leben nicht zu finden wären, gibt es Möglichkeiten mit Zukunftsvisualisierungen.

Ich gehe davon aus, dass unser Leben mit einem Wanderweg verglichen werden kann. Wir befinden uns auf der Route, auf dem Weg. Wir haben die Möglichkeit, auf diesem Wanderweg selbst zu entscheiden, ob wir mehr auf der linken oder auf der rechten Seite, auf einem Bein oder kopfüber gehen möchten. Wir haben auch die Möglichkeit, einen Umweg zu gehen, um vielleicht etwas anderes zu sehen oder eine Ruhepause einzulegen. Oder vielleicht nur um zu sehen, dass wir wieder auf den Weg zurückkehren möchten. Das ist aus meiner Sicht unser freier Wille, der Rahmen, in dem wir selbst entscheiden.

Achten wir auf unseren Lebensstil, wird uns unser Körper dafür danken. Pflegen wir uns selbst und wertschätzen wir unser eigenes Zuhause mit Liebe und Achtsamkeit. Dazu gehört unser Körper, unser Innenleben und unsere Seele.

Wir dürfen immer mehr aus dem Kopf und aus den Gedanken herauskommen und mehr aus dem Gefühl heraus leben. Es braucht weniger Energie und weniger Nerven, wir bleiben viel mehr bei uns selbst. Halte Dich an Deine Seele und an Dein inneres Licht.

Ein Herzensmensch zu sein ist wie eine wunderschöne, blühende Blume. Weil ihre Farben von weitem und ohne Worte erkennbar sind. Jeder Bestandteil unseres Körpers hat seine eigene Funktion und darf in seiner eigenen Funktion bleiben, sie sollen keine fremden Rollen übernehmen. So dürfen wir Entscheidungen aus dem Bauch und aus dem Herz heraus spüren und sie danach rational mit unserem Verstand prüfen und überdenken. Unser Verstand weiss besser, wie wir sie in der aktuellen Welt umsetzen können. Diese Reihenfolge einzuhalten ist wichtig. Unser Verstand und unsere Gedanken komplett auszublenden wäre grobfahrlässig. Im Zusammenspiel funktionieren sie wunderbar, zuerst das eine, dann das andere. Zuerst das Gefühl, danach diese Wahrnehmung mit den Gedanken überprüfen.

Lebe aus dieser inneren Verbundenheit mit dem Grossen und Ganzen, mit der Verbundenheit mit den anderen Menschen und in der Verbundenheit mit deinem inneren Selbst.

INNEREN FRIEDEN FINDEN

Viele Unstimmigkeiten, ob sie sich in körperlicher, geistiger oder seelischer Art manifestieren, heilen, wenn ein innerer Frieden entstehen kann. Wenn wir mit der Sache selbst eine Veränderung hervorrufen können, der Schmerz loslässt und Frieden und Liebe entstehen darf. Manchmal bedarf es sehr viel Zeit und Geduld, bis wir einen endgültigen Frieden mit dem Thema erreichen. Frieden in sich selbst zu haben, gibt uns eine wahre Stärke und eine Liebe, die wir ausstrahlen und aussenden. Die Lösung besteht darin, für sich selbst diese Ruhe zu schaffen.

In dieses Thema gehört die ganze Vergebungsarbeit. Wenn Menschen Dir auch böswillig etwas angetan haben und wir uns immer wieder von neuem verletzen lassen, löst dies immer wieder Schmerz und ein innerer Unfriede aus. In der Liebe zu Dir selbst darfst Du Dich dafür entscheiden, ihnen zu vergeben. Vergebung machen wir immer für uns selbst und nicht für den anderen. Wir befreien uns selbst von den angestauten Themen.

Vergebung kann immer dann stattfinden, wenn wir Verständnis zeigen. Beispielsweise wussten es diese Personen, die Dich verletzt haben, nicht besser. Vielleicht sind sie selbst verletzte Kinder des Lebens und haben aus ihrem Schmerz heraus gehandelt, mit böswilliger oder nicht böswilliger Absicht. Ich verstehe hier sehr gut, dass es Verletzungen gibt, die unverzeihlich erscheinen, weil sie beispielsweise unser komplettes Folgeleben beeinträchtigen – und wir immer wieder Tag für Tag mit diesem Schmerz konfrontiert werden. Ich kann das sehr gut nachvollziehen. Doch bedenke die oben genannten Worte, Du machst den Schritt nur für Dich selbst. Die andere Person muss mit dieser Situation selbst ins Reine kommen.

Ich selbst wurde mit einem Geburtsfehler geboren. Ich habe das „Glück" (ironisch), dass er mitten im Gesicht ist, somit ist er für jeden sofort sichtbar und teilweise auch hörbar, da meine Stimmqualität/-farbe verändert ist. Diverse Operationen konnten mir helfen und ich hatte ein riesengrosses Glück, dass ich zu Dr. Triaca und Dr. Minoretti in Zürich gelangte. Sie haben mir mit ihrem wunderbaren Handwerk sehr viel Glück auf meinen Lebensweg mitgegeben. Sie haben vieles sehr schön korrigiert und ich weiss, dass dies sehr stark zu meinem Selbstbewusstsein beigetragen hat. Der ganze Geburtsfehler wurde dadurch weniger sichtbar.

Aber was ich Dir vor allem aufzeigen möchte ist, dass ich mich jeden Tag und jahrelang auf dieses „Warum ich" hätte konzentrieren können. Ich hätte in die Opferrolle fallen und in Selbstmitleid versinken können, denn ich habe vom Lebensbeginn an eine schlechtere Stellung bekommen. Oder ich kann mich darauf konzentrieren, was dieses Ereignis mit mir gemacht hat. Durch diverse Spitalaufenthalte habe ich schon früh gelernt, allein zu sein. Obwohl mich meine Mutter täglich im Spital besuchte, hatte ich trotzdem Stunden allein, in denen ich selbst mit mir klar kommen musste, mich selbst unterhalten und mich um mich selbst kümmern durfte.

Ich denke, ich habe sehr früh gelernt, Selbstverantwortung zu übernehmen und mit ausserordentlichen Dingen klarzukommen. Mich mit Operationen, Vollnarkosen, Schmerzverarbeitung, Heilungsprozessen auseinanderzusetzen und den eigenen Körper zu spüren. Ich durfte früh lernen, dass es nicht auf das Äussere ankommt, welche Person wir selbst sind. Es sind die inneren Werte, die eine Person oder auch eine Freundschaft ausmachen. Es ist Deine Persönlichkeit, die anderen Menschen wichtig ist, dass sie Dich lieben. Den Tieren, meinen besten Spielkameraden war es sowieso egal, wie ich aussah, die Tiere spüren, wer Du bist und geben Dir das zurück, was Du ihnen gibst. Die Tiere, die ich in meinem Umfeld erlebte, sind aus meiner Sicht die fairsten und ehrlichsten Geschöpfe dieser Erde. Natürlicherweise hatte ich mit dem Geburtsfehler trotzdem meine „Störungen" und ich habe mich, vor allem wenn ich in eine neue Gruppe kam, immer sehr zurückhaltend benommen.

Aber im Allgemeinen sehe ich, welchen Menschen diese Situation aus mir selbst gemacht hat. Ich glaube, durch die vielen Stationen, die mich im Leben geprägt haben, bin ich heute der Mensch, der ich bin. Meine Empathie rührt daher, dass ich viel erlebt habe und viel mitfühlend annehmen kann. Ich verstehe vielleicht etwas besser, was Menschen zu diesen Zeitpunkten benötigen. Wenn ich diese positiven Aspekte fokussiere, gelange ich in den inneren Frieden mit der Situation, ich sehe die positiven Werte, die mir dieses auch noch so unschöne Ereignis gebracht hat.

Und ohne zu werten, ob das jetzt gut oder schlecht war, ohne zu werten, ob ich es anders gewollt hätte, akzeptiere ich heute die Situation so wie sie ist. Ich kann es sowieso nicht ändern, also warum dafür Kraft und Energie investieren? Es ist wie es ist. Ich suggeriere mir selbst, dass meine Narben am Körper nur zeichnen, was ich bereits alles geschafft habe.

Ich muss gerade etwas schmunzeln, weil ich an die Heilungsprozesse denke, die ich als Kind zu Hause verbrachte. Ich durfte dann ausserordentliche Fernsehstunden wahrnehmen und meine Lieblingsserie war Winnie Pooh. Er hat mich irgendwie begleitet und ich freue mich heute noch, wenn ich irgendwo ein Bild von Winnie sehe. Man darf immer wieder zurücksehen und sehen, wie weit man bereits gekommen ist, welche Strecke bereits zurückgelegt wurde und das Schönste ist doch immer dann, wenn Du etwas geschafft hast. Sei stolz auf Dich selbst, auf die Person, die Du selbst bist.

Wenn wir in Dankbarkeit gegenüber unserer Fülle sind, wird sich diese Fülle vergrössern. Manifestieren wir einen Mangel in unseren Gedanken, wird dieser Mangel noch erfüllender. Zu viele Wünsche gegenüber dem Leben lassen uns arm und zum Bettler werden. In der Dankbarkeit für das, was wir haben, liegt die Kraft. Der Inhalt des positiven Denkens beruht auf diesen Facetten. Wenn wir uns etwas wünschen und möchten, tappen wir manchmal in die Falle. Weil wir es uns wünschen, stehen wir in einem Mangel, weil wir es noch nicht haben. Wir zeigen dem Leben einen Mangel, den wir selbst besitzen. Wenn wir hier unser Bewusstsein auf die Dankbarkeit setzen, auf die Dankbarkeit gegenüber dem, was wir bereits besitzen, zeigen wir dem Leben, dass wir in der Fülle sind. Das Leben wird uns mit der weiteren Fülle beschenken.

Dankbarkeit selbst gibt uns einen wunderbaren inneren Frieden. Warum immer auf das konzentrieren, was wir noch nicht haben? Warum nicht einfach dankbar sein für das, was wir haben. Wir haben doch so viel, gerade in unseren Breitengraden. Wenn wir aufzählen, welche Geschenke des Lebens wir bereits besitzen und diese wertschätzen, wenn wir erkennen, welche Geschenke uns in unserem Leben bereits gemacht wurden, erkennen wir unsere Fülle und lenken unser Bewusstsein auf die Dankbarkeit und auf die Demut gegenüber dem Grossen und Ganzen. Es gibt für alles eine Zeit im Leben. Also dürfen wir immer wieder dankbar und wertschätzend sein für das, was wir im Moment haben. Manchmal kann sich im Morgen alles ändern.

Ich durfte eine sehr sympathische Klientin in meiner Praxis begrüssen. Eigentlich hatte sie ein vollkommen anderes Anliegen, doch das Unterbewusstsein führte uns zu diesem Ereignis. Sie war betrübt, weil ihr „grosser Traum" geplatzt war. Sie ist vor Jahren ausgewandert und musste leider wieder zurückkehren, weil nicht alles so verlief wie geplant. Die Enttäuschung über die Rückkehr war riesig. Es ist nur ein Beispiel, von welchem ich denke, dass es sehr viele Menschen in unterschiedlichen Lebenssituationen anspricht.

Wir fokussieren uns manchmal zu stark auf das Ergebnis und somit fokussieren wir wieder die Leistung. Wenn wir sehen, dass die Erfahrung selbst und der Mut, diesen Schritt überhaupt gewagt zu haben, viel grösser sind, bekommen wir einen anderen Blickwinkel. Die Frau hat etwas Aussergewöhnliches erlebt, zudem hatte sie ein Haus am Meer. Ich denke, nicht jeder hat eine so schöne Erfahrung in seinem Lebenslauf. Wir dürfen den Fokus ändern und uns über das freuen, was wir erlebt haben, mit welchem Endergebnis auch immer. Vielleicht hat die Rückkehr sogar einen anderen Grund, den wir zum heutigen Zeitpunkt noch nicht verstehen können.

Illustration: Innerer Frieden

JEDES DING HAT

DREI SEITEN,

EINE, DIE ICH

SEHE, EINE, DIE

DU SIEHST UND

EINE, DIE WIR

BEIDE NICHT

SEHEN KÖNNEN

DANKBAR SEIN – EBENFALLS FÜR DIE DUNKLEN STUNDEN

Dankbarkeit ist ein Thema in sich selbst. Wie bereits angesprochen, ist Dankbarkeit ein überaus wirksamer Schlüssel zum eigenen Glück. In der Dankbarkeit erkennen wir, dass wir allen Grund dazu haben, glücklich zu sein.

Aber wir dürfen nicht nur für die positiven Aspekte unseres Daseins dankbar sein. Das Leben untersteht einem Polaritätsgesetz. Überall wo Licht ist, ist auch Schatten. Es gibt Sonnentage und Regentage, es gibt dunkle Stunden und ganz helle Stunden. Ich erkenne immer wieder, dass Menschen das Gefühl haben, dass nur helle Stunden zu ihrem Leben dazu gehören dürften. Sie fühlen sich unglücklich, weil sie glauben, sie machen etwas nicht gut genug, weil auch sie nachdenkliche Tage leben.

Doch das ist ein Irrglaube. Wir dürfen uns besinnen, dass eine Pflanze ohne den Regen nicht überleben könnte. Aber genauso kann sie nicht überleben, wenn die Sonne nicht scheinen würde. Wir dürfen erkennen, dass beide Teile dazugehören. Und sie dürfen sein. Ich glaube, nur die

Annahme und Akzeptanz dessen ist bereits sehr entscheidend, einen inneren Frieden zu erlangen.

Wenn Du auf Dein Leben zurückblickst, in welchen Zeiten Deines Lebens hast Du Dich am intensivsten entwickelt? In welchen Zeiten hast Du Dich am meisten verändert und Dinge neu überdacht? Vielleicht sogar eine neue Richtung eingeschlagen? Es sind die dunklen Stunden, es ist die Unzufriedenheit, die uns vorwärts bewegt. Manchmal muss und darf es uns unbequem werden, damit wir uns bewegen.

In einem sehr simplen und einfachen Beispiel erkennen wir dies. Wenn Dich beispielsweise der Vorgesetzte nervt und Du Dich nicht mehr glücklich fühlst, suchst Du Dir eine neue Anstellung. Vielleicht hast Du in dieser neuen Anstellung einen besseren Lohn, bessere Kompetenzen oder angenehmere menschlichere Umgangsformen gefunden. Somit scheint die Sonne noch heller als sie es am Anfang konnte. Wenn ein Geliebter/eine Geliebte Dich verletzt, besuchst Du vielleicht ein Seminar, welches Deinen Selbstwert noch stärker macht, als er jemals zuvor war.

Und wenn wir noch schmerzhaftere Beispiele suchen, wenn wir uns einen Jungen vorstellen, der im Alltag eines Ghettos aufgewachsen ist und Diebstahl, Drogen und Gewalt tagtäglich miterleben musste, hat er vielleicht eine besonders starke innere Stimme und eine so gewaltige Motivation, aus diesen Lebensumständen herauszukommen. Er arbeitet und verändert sich so, dass er später ein anderes Leben führen kann und seine Kinder in anderen Verhältnissen aufwachsen dürfen. Vielleicht unternimmt er noch irgendetwas und unterstützt die Nachbarskinder, die er von damals kannte.

Es sind nur Beispiele, die uns erkennen lassen, dass das Negative einer der wichtigsten Antriebskräfte sein kann. Wut kann einer der gewaltigsten Motivationsschübe in uns hervorrufen, weil wir beispielsweise endlich die Bedürfnisse anderer zurückstellen und uns um unser eigenes Wohlergehen kümmern. Es ist der Zeitpunkt, an dem wir uns an uns selbst zurückbesinnen. Das Bittere lässt uns aufwachen, das Süsse schenkt uns Lebensfreude.

Wir sind wie ein Kristall mit verschiedenen geschliffenen Seiten, die das Licht reflektieren. Diese Seiten sind einzigartig richtig und es sind Facetten des Lebens. Jede Seite ist ein Teil des Selbst. Erst alle Facetten zusammen machen ihn zum Kristall. Wenn eine Seite fehlen würde, würde es keinen Sinn machen. Wenn alles zusammenkommt, macht es Sinn. Diese bildhafte Darstellung dieses Kristalls ist aus dem Unterbewusstsein eines Klienten.

In der heutigen Zeit sind wir uns sehr bewusst, welche Wichtigkeit die Kindererziehung als solches hat, um den Kindern die geeigneten Lebensvoraussetzungen zu schaffen. Viele Eltern geben mehr als ihr Bestes und versuchen alles zu ermöglichen. Diese fürsorgliche Art freut mich besonders. Mir ist es wichtig, hier nur einen Denkanstoss zu geben, weil er vielleicht gewissen Eltern hilft, sich selbst zu verzeihen oder die Erziehung mit ein wenig mehr Gelassenheit anzugehen.

Wenn wir selbst zurückdenken, haben wir doch am meisten Weisheit, Selbstvertrauen und Stärke aus Situationen gewonnen, bei denen wir selbstverantwortlich handeln mussten. Unser Selbstbewusstsein hat sich an diesen starken Situationen aufgebaut und verwirklicht. Aus den nicht perfekten Situationen lernen Kinder ihre eigene Motivation und ihre eigene Willenskraft aufzubauen. Sie wollen es besser meistern und kommen in eine Selbstverantwortung ihres Lebens. Sie lernen, auf sich selbst gestellt zu sein und in die Erfahrung, selbst etwas zu tun, um die Situation zu verbessern.

Es gehören alle Emotionen zum Leben dazu. Ich glaube, wir dürfen vermehrt im positiven Sinne auch die negativen Emotionen annehmen und ihnen ihre Positivität zukommen lassen. Denn sie sind ein Teil von uns. Sie sind genauso wichtig, wenn wir sie richtig und angemessen ausleben. Ich finde, wir dürften vermehrt über sie sprechen und sie nicht nur vertuschen. Wenn wir sie aussprechen, verlieren sie ihre Macht. Grundsätzlich wäre es sowieso nur eine Wertung von uns selbst, welche Emotionen wir als positive und negative deklarieren. Im Grundsatz sind alles einfach Emotionen.

Ich selbst mag die ehrliche Kommunikation und schätze, wenn mir jemand seine Gefühle im ehrlichen Sinne mitteilt. Ich mag keine verkrümmte Kommunikation, indem jemand versucht, etwas schönzureden. Lieber ein ehrliches Wort. Denn ich weiss, wenn jemand im Negativen ehrlich zu mir ist, kann ich seine positiven Worte ebenfalls als absolut ehrlich annehmen. Man weiss genau, woran man ist. Man kann sich bei Bedarf entschuldigen, seine Sicht erklären oder der Person eine Umarmung schenken. Alles ist echt.

Im Inbegriff der Kommunikation könnten wir in dieser Welt noch so viel mehr bewirken, wenn wir unsere positiven Wahrnehmungen gegenüber anderen Menschen mehr ausdrücken. Alle lieben ehrlich gemeinte Komplimente, ein schönes Wort oder ein herzhaftes Dankeschön. Was wir damit bewirken, geht uns teilweise vergessen. Wir bestärken jemanden in seiner Person, wir stärken dessen Selbstwert, wir lassen ihn in seiner Schönheit strahlen und wir können ihm definitiv den Tag verschönern. Wir schenken anderen Menschen Lebensenergie und das Gefühl, glücklich zu sein. Und was wir geben, bekommen wir zurück. Wenn Du jemanden zum Lächeln bringst, lächelt Dein Inneres mit. Ein eigenes, persönliches und sehr schönes Lebensziel kann sein, die Wichtigkeit auf jeden einzelnen Tag zu setzen und jeden Tag eine gute Tat zu vollbringen.

AUSSERGEWÖHN-
LICHE MOMENTE
ENTSTEHEN,
WENN MAN
ETWAS
GEWÖHNLICHES
ZU EINEM
BESONDEREN
AUGENBLICK
MACHT

DIE GRÖSSTE FREIHEIT LIEGT DARIN, SICH SELBST ZU SEIN

In einer Welt, in der Dich jeder anders haben will, ist es eine Kunst, sich selbst zu sein.

Es ist ein langer und oft immer wiederkehrender Prozess, sich selbst zu sein. Es kann auch äusserst diffizil sein, den guten Spagat zwischen Kompromiss sowie Verständnis für andere und seinem eigenen Selbst zu leben. Mit zunehmender Lebenserfahrung und der Kenntnis des eigenen Selbst wird uns dies immer einfacher fallen. Die innere Freiheit zu erlangen, ist absolute Freiheit in sich selbst. Weil wir zu jedem Zeitpunkt unseres Lebens, unabhängig vom Ort, an welchem wir uns auch gerade befinden, in dieser Freiheit leben können.

Freiheit besteht darin, sich von allem zu lösen, was nicht zu uns selbst gehört. Diverse Lebensinhalte können uns von uns selbst fernhalten und uns in unserem Wirken beeinflussen. Sich selbst zu sein ist ein Wohlgefühl, in sich selbst das Glück zu haben, beziehungsweise selbst Glück darzustellen.

Es liegt an uns, wir haben selbst die Kraft, in eine Veränderung zu gehen und diese wahrzunehmen. Diese Selbstverantwortung trägt jeder Mensch in sich selbst.

Frieden finden wir in uns. Verändere, was Dich an Dir selbst stört, damit Du eine innere Zufriedenheit spürst und im Einklang leben darfst. Mit der wichtigsten Person in Deinem Leben, mit Dir selbst. Stell Dir vor, Du stehst jeden Morgen auf und Du bemängelst Dich. Du siehst Deine Makel oder Du bist unzufrieden, weil Deine To-Do-Liste unaufhörlich lang ist. Dies ist ein Kampf und eine Unzufriedenheit tagtäglich, bevor Du überhaupt in den Tag starten kannst.

Es gibt in dieser Welt zahlreiche Möglichkeiten und Hilfestellungen, damit wir jeden Abend zufrieden und glücklich mit uns selbst einschlafen und später wieder aufwachen können. Ich wünsche mir für jeden Menschen, dass er an sich arbeitet, bis er sich selbst gefällt. Wir können verändern, was uns stört. Wir können uns kennenlernen und unsere eigenen Stärken fördern. Wir können an uns sehen, was uns gefällt. Wir können unsere To-Do-Liste mit Prioritäten versehen. Wir können keine andere Person sein, wir dürfen uns selbst akzeptieren und verstehen, warum wir genauso sind, wie wir sind.

Wenn ein Sturm auf Dich zurast, hast Du zwei Möglichkeiten. Du kannst vor dem Sturm wegrennen, dann wirst Du eine lange Zeit auf der Flucht sein. Oder Du kannst auf den Sturm zulaufen und ihm in die Augen blicken, hindurchgehen und er wird hinter Deinem Rücken weiterziehen.

Es ist nicht entscheidend, was andere über uns denken. Es ist wichtig, was wir über uns selbst denken. Wir müssen nicht alles persönlich nehmen. Reagiert jemand schroff zu uns, ist es oft sein Thema und nicht unseres. Vielleicht brauchen wir das Gegenüber nur zu fragen, wie es ihm geht, dann haben wir bereits die Antwort. Mitgefühl ist eine sehr wichtige Tugend und wir dürfen sie in jedem Augenblick unseres Lebens anwenden.

Leider befinden sich an immer mehr Orten Warnschilder und konzipierte Sicherheitsmassnahmen. Diese haben sicher ihre Berechtigung und die Unfallstatistik wird dadurch sicher positiv verändert worden sein. Doch würden wir anstelle der Warnschilder besser die Selbstverantwortung jedes Einzelnen stärken? So wäre jeder für jede Situation vorbereitet.

Wir dürfen uns so akzeptieren, wie wir sind und aus dem, was wir sind, die bestmögliche Form gestalten. Wenn Du Deine Persönlichkeit zum Leuchten bringst, ist es das grösste gefühlte Glück. Denn Du kannst aus Deinem Selbst heraus wirksam sein und was Du bist in dieser Welt verkörpern. Manchmal braucht es Mut, diese Schritte zu gehen, doch dieser Mut wird stets belohnt. Mut ist wie Veränderung, nur früher. Die Geduld ist ein weiteres wichtiges Element, um Schritt für Schritt immer mehr in dieses Gefühl zu kommen. Geduld, immer wieder dranzubleiben und die kleinen Veränderungen wahrzunehmen. Richtiger Erfolg kommt selten von heute auf morgen, wenn es anders ist, lass Dich feiern.

Doch im Normalfall ist es eine Geduldsprüfung, nicht vom Weg abzukommen und immer an sich selbst zu glauben. Stets das Ziel zu kennen und jeden Tag etwas für sein Ziel zu unternehmen. Dafür braucht es viel mentale Stärke und eine innere Ruhe, ein Vertrauen, dass sich das zu Prophezeiende umsetzen wird. Wenn der Wunsch tief in Deinem Herzen und in Deinem Inneren verankert ist, wirst Du Dein Ziel erreichen. Es soll ein Herzenswunsch sein, den Du fühlen und spüren kannst.

Du bist ein lebenslanges Kunstwerk, ein Kunstwerk, gezeichnet vom Leben. Und ich weiss, manchmal bist Du müde, an Dir selbst zu arbeiten. Doch der Weg zum Glück soll Dich motivieren. Die Freiheit steht vor der Tür, Du darfst Dich ihr öffnen. Das Einzige, was Du wirklich verändern kannst, bist Du selbst. Versuche nicht herauszufinden, was sich im Aussen alles ändern soll, beginne bei Dir selbst.

Wenn Du ein Thema lösen möchtest und es Dir schwerfällt, frage Dich: „Würde mir etwas fehlen, wenn ich das Problem nicht mehr hätte?" Es kann sein, dass sich das Problem als solches in Deine Lebensstruktur eingepflanzt hat. Wenn Du diese Frage mit Ja beantworten kannst, weisst Du, wo Du ansetzten darfst.

Geben wir dem Leben wieder mehr Kraft. Durch neue Erfahrungen setzen wir uns immer wieder auf das Neue in das Leben, in das Unbekannte. Dies hat auf uns Menschen eine besonders gute Wirkung. Sich immer wieder in Unsicherheiten zu begeben, macht das Leben spannend.

Das beste Selbstvertrauen strahlen wir dann aus, wenn wir herzhaft und ehrlich lachen. Ohne etwas zu tun, ohne zu sprechen, wird uns dieses Lachen eine absolut starke Ausstrahlung verleihen. Was kannst Du selbst dafür tun, dass Du mehr und mehr in dieses herzhafte Lachen zurückfindest?

Es gibt negative Unsicherheiten und die nennen sich Stress. Stress hat sehr viele Gesichter und kann verschiedene Gefühle auslösen oder sie als Grundlage haben. Doch hilft der negative Stress sicher nicht, zu uns selbst zu finden, er distanziert uns eher von uns selbst. Dies kann zur Folge noch mehr Stress auslösen. Wenn Du dieses Spiel des Stresses leid bist, versuche Dich bewusst von Stressfaktoren zu distanzieren. Abstand zu gewinnen oder bewusst in der Ruhe zu bleiben.

Viele Menschen fühlen sich durch Stress selbstbewusst, aber dies ist nur ein trüber Schein, um wichtig zu wirken. Wahres Selbstbewusstsein ist ruhig und still. Unsicherheit ist laut.

AUTHENTISCH IST DAS NEUE COOL

Ich freue mich sehr, dass immer mehr Menschen eine Bewusstseinserweiterung anstreben, realisieren und den Kern des wahren Lebens erfassen. Immer mehr Persönlichkeiten erkennen, dass die Ruhe, sich selbst zu sein, die Einfachheit und ein toller und hilfsbereiter Umgang, ein gutes Selbstwertgefühl und viel Freude im Leben viel wichtiger sind.

So bekommen die neuen Werte immer mehr Formen. Menschen ziehen eine Teilzeitanstellung vor, damit sie genügend Zeit zum Leben haben. Die teuerste Tasche ist nicht mehr so viel wert, weil ein Aufenthalt in der Natur dem Menschen als Wert viel bewusster und wertbringender wird. Statussymbole dienen oft dafür, dass andere sehen, welche Person man gerne sein würde, aber selbst vielleicht nicht ist.

Authentische Personen brauchen keine besondere Kleidung oder das neueste Accessoire, denn sie strahlen in sich selbst. Schau Dir eine sehr authentische Person an, Du fokussierst Dich nicht auf deren Kleidung oder deren Haarschnitt. Du schaust solche Personen ganz anders an. Du schaust ihnen in die Augen.

Jeder, der sein Inneres zum Ausdruck bringt, hat dieses brennende Feuer in den Augen. Es sind klare und strahlende Augen. Eine solche Person magst Du selbst gar nicht anlügen, Du bist ehrlich zu ihr. Eine authentische Person strahlt in sich selbst Selbstbewusstsein und Selbstvertrauen aus. Sie wirkt standhaft, zielgerichtet und sendet eine wunderbare innere Ruhe aus. Du bist davon überzeugt, dass ein Windstoss sie nicht umwehen kann, sondern diese Person darüber lacht. Das wirkt unglaublich großartig.

Diese klare Ausstrahlung beinhaltet vieles, was bereits angesprochen wurde. Die Ausstrahlung ist das herzhafte Lachen im Gesicht und ein besonderer aufrechter Gang. Die Person steht hin, hin für sich selbst und kann sich bei Bedarf auch für andere einsetzen, weil sie genügend Energie dafür hat. Wenn sie einen Raum betritt, ist die Aura selbstsprechend. Die Person ist bei sich selbst.

Authentische Personen bekommen im Allgemeinen sehr viel Lob, Liebe und Anerkennung. Man mag diese Menschen und möchte sie selbst gerne im eigenen Umfeld haben. Sie bekommen diese Anerkennung, weil sie diese Anerkennung und Liebe selbst geben. Sie sind voll davon und strahlen sie auch aus. Durch das Strahlen inspirieren sie andere und haben genug Liebe, um sie weiterzugeben zu können. Wenn sie geben, füllen sie sich selbst immer wieder auf.

Zufriedene Menschen können entspannen. Sie können sich hinlegen, weil sie glücklich mit sich selbst sind und sich auch die Ruhe zusprechen. Sie können in die friedliche Entspannung eintauchen und sie wunderbar geniessen. Einfach die Stille in sich selbst spüren, im Wissen, gut genug zu sein. Auch wenn Du herzhaft über Dich selbst lachen kannst, ist dies ein sehr gutes Indiz, dass Du eine sehr authentische und selbstbewusste Persönlichkeit bist. Wenn Du Dir Fehler eingestehen kannst, Du Dich ehrlich gegenüber Deinen Fehlern und Missgeschicken äusserst, ist es eine enorme Stärke. Denn Du darfst und kannst zu Deinen Ungereimtheiten stehen, ohne dass Du an Wert verlieren wirst. Du bist Dir dem im Vollen bewusst. Du agierst als Vorbild, weil sich nun andere verstanden fühlen und Dir ihre Missgeschicke auch mitteilen. Gerade in Führungspositionen finde ich diese Charaktereigenschaft besonders wichtig. Ein Chef, der zu seinen Fehlern stehen kann, sich entschuldigen kann, ist ein guter Chef.

Mach das, was Dir Spass macht, Freude bereitet und Dich erfüllt. Eine Sache, in der Du Dich selbst einbringen kannst, eine Sache, die Dich inspiriert und Du weisst, dass Du etwas bewegen kannst. Etwas, was Deiner Leidenschaft und Deiner Passion entspricht. Wenn Du noch nicht da bist, stresse Dich nicht. Nur das Bewusstsein dessen bringt Dich bereits weiter. Das bewusste Überdenken Deiner aktuellen Situation und Deinem Wunschzustand, wo Du gerne hin möchtest. Jetzt kannst Du beginnen, immer mehr und mehr Dein Zukunfts-Ich zu kreieren und Deinem Wunschzustand Schritt für Schritt immer näher kommen. Schlussendlich sind wir alle auf dem Weg. Wenn Du Dein Ziel kennst, kannst Du einfacher Entscheidungen treffen. Die Entscheidungen richten sich immer mehr danach aus, in Deinen Wunschzustand zu gelangen.

Viele Menschen erzählen mir, dass sie sich selbst wieder gerne spüren möchten. Das ist aus meiner Sicht ein Zeichen, dass sie sich von sich selbst distanziert haben. Um sich selbst wieder zu spüren, dienen Achtsamkeitsübungen. Sport kann in diesem Fall auch sehr dienlich sein, weil wir bewusstes Arbeiten mit dem Körper betreiben. Sport dient auch dazu, vom Kopf mehr ins Herz zu gelangen. Körperliche Betätigungen lüften unsere Gedanken und machen einen freien Kopf.

Kennst Du das AAAA-Prinzip? Das AAAA-Prinzip heisst „Anders Als Alle Anderen". Suche nicht danach, zwingend anders zu sein, aber manchmal verschafft es Dir einen Vorteil, „anders" zu sein. Du getraust Dich, Deine Andersartigkeit zu leben und einzigartig zu sein. Einzigartig, genauso wie Du selbst bist. Ist es nicht ein Wunderwerk, dass bei knapp acht Milliarden Menschen auf diesem Planeten jeder von uns anders ist? Sollten wir nicht diese Diversität der Natur zu unseren Gunsten nutzen? Eine Sonnenblume kann keine Rose sein und eine Rose kein Schmetterling. Und wenn die Rose es versuchen würde, ein Schmetterling zu sein, würde sie sich sehr schlecht fühlen, weil sie es nicht hinkriegt. Wenn sie sich mit anderen Schmetterlingen vergleicht, erniedrigt sie sich selbst. Nur weil sie nicht erkannt hat, wer sie ist. Denn die Rose hat ein wunderschönes Wesen und einen lieblichen Duft. Sie kann Liebe sichtbar machen und Menschen zum Strahlen bringen. Wenn sie sich erkennt, wird sie selbst auch strahlen. Wir dürfen an uns selbst glauben. Erkennen wir, wer wir sind und stärken unsere Stärken, erlauben wir uns, unser volles Potenzial zu leben.

Werden wir sichtbar, erhöhen wir unser Charisma. Charisma ist eine Entscheidung, es ist eine Entscheidung für das Leben, es ist eine positive, gewinnende Strahlkraft, die vom Inneren nach aussen in diese Welt getragen wird. Es ist ein herzhaftes Lachen, ein besonderes Strahlen in den Augen, eine geerdete Ruhe und ein Herz voller Liebe. Ausstrahlung und Charisma ist vorhanden, wenn Menschen „brennen" und lieben. Nur wer selber brennt, kann in anderen Feuer entfachen.

Versuche Dir immer eine eigene Meinung zu bilden. Wenn Du etwas glauben solltest, was sich für Dich nicht stimmig anfühlt, recherchiere selbst. Eigne Dir das Wissen an, glaube nicht alles. Da draussen werden gerne Geschehnisse und Ängste suggeriert, die eigentlich anderen Hintergründen dienen. Es kann manchmal nur eine Lüge sein, weil sich jemand besser stellen will, als er wirklich ist.

Wenn Du schon einmal in der Führungsetage gearbeitet hast, bist Du im Wissen darüber, dass nicht alles so erzählt wird, wie es ist. Gerne wird etwas erzählt, um die Sache besser darzustellen, als sie in Wirklichkeit ist. Das sind simple Beispiele. Was im ganz Kleinen stattfindet, findet aber immer auch im ganz Grossen statt. Informiere Dich selbst und bilde Dir Deine eigene Wahrheit. Vertraue Deinem Bauchgefühl, was sich stimmig oder unstimmig anfühlt. Lass Dich nicht beirren. Das Bauchgefühl weiss so viel mehr, als wir rational mit unserem Verstand erklären können.

Der Lachende hat die schönste Ausstrahlung und die stärkste Kraft.

Illustration: Authentisch sein

AUTHENTISCH ZU
SEIN BEDEUTET
DER EIGENEN
SEELE EIN
GESICHT ZU
GEBEN.

WEIL ES MEIN LEBEN IST

Wir haben die Erlaubnis, uns selbst als Priorität in unserem Leben zu behandeln. Und nochmals nein, das hat nichts mit Egoismus zu tun. Egoismus hat eine komplett andere Definition. Egoismus hat etwas mit Selbstsucht, einem Streben nach Vorteilen, Habsucht, Gier, ohne Rücksicht auf die Ansprüche anderer und wenig Mitgefühl zu tun. Es ist unsere Pflicht, zuerst zu uns selbst zu schauen. Denn nur, wenn wir selbst genügend Energie haben, können wir andere richtig gut unterstützen.

Die folgende Geschichte habe ich übernommen, weil sie einfach bildlich gesprochen genial ist. Wenn wir uns vorstellen, wir sitzen leider (ich hoffe, diese Situation wird für Dich niemals eintreten) in einem Flugzeug und wir werden gebeten, die Sauerstoffmasken aufzusetzen. Hier ist es unsere Pflicht, zuerst uns selbst die Maske anzuziehen, bevor wir anderen helfen können. Würden wir versuchen, anderen zuerst zu helfen, könnten wir das nicht tun. Wir würden sterben, bevor wir anderen helfen könnten. Erst wenn wir selbst atmen können, haben wir genügend Energie, anderen zu dienen.

Genau das dürfen wir auf unser Leben adaptieren. Die meisten Menschen sind geschwächt, weil sie so viel Energie an andere abgeben und sich dabei selbst vergessen. Viele von uns untergraben die eigenen Möglichkeiten zum Wohle anderer in einem negativen Sinne. Sie haben vielleicht auch Angst vor einer Ablehnung oder haben Mühe ein Nein auszusprechen, weil sie niemanden verletzen möchten. Ja, wir verletzten dabei nicht den anderen, aber verletzen uns selbst. Beginnen wir, zumindest eine Zeit lang, unsere Energiespeicher wieder aufzufüllen, damit wir uns wieder voller Kraft fühlen, so können wir selbst wieder strahlen. Wenn wir glücklich sind, überträgt und vervielfältigt sich dieses Glück.

Es dient Dir selbst. Du darfst Deine Energie bei Dir behalten, weil jeder Einzelne genügend Energie für sich selbst bekommen hat. Die Hilfsbereitschaft ist immer da. Gefährlich wird es nur bei Aufopferungsprozessen, die uns selbst auslaugen. Von denen müssen wir abkommen. Wir dürfen zu uns selbst stehen, wir dürfen uns abgrenzen und wir verdienen es, glücklich zu sein. Wir sind alle „Kinder dieser Welt". Stell Dir vor, jeder Vater oder jede Mutter wünscht sich nur eines für sein Kind: dass es glücklich ist. Wenn wir uns selbst als Kinder dieser Welt betrachten, so ist es nachvollziehbar, dass wir alle glücklich sein dürfen und sich jemand genau das für uns wünscht.

Richten wir also unsere Konzentration auf uns selbst. Urteilen wir nicht darüber, was andere gut oder schlecht machen, denn wir können nie wissen, was sie wirklich bewegt, welche Verletzungen sie in sich tragen und in welchen Situationen sie sich befinden. Manchmal dürfen wir Abstand halten, um uns selbst näher zu sein und manchmal spüren wir die starke Verbundenheit, dass wir ein Teil des Ganzen sind. Das Unterbewusstsein gibt in dieser Hinsicht sehr oft Antworten wie: „Ich darf für mich selbst schauen, weil es mein Leben ist" oder „Du bist auch jemand". Wir dürfen die Verbindung zu uns selbst stärken und uns als Ganzes wahrnehmen.

Es gibt Lebenseinstellungen, die bewusst darauf eingehen, sich in seiner Form und in seinen Wünschen zurückzustellen und das eigene Ego und die eigene Identität zu reduzieren. Dies ist nochmals abzugrenzen und ein weiteres Thema. Ich selbst bejahe diese Form der Einstellung und finde ihre Sinnhaftigkeit besonders wertvoll. Aus meiner Sicht ist das ein Level für Fortgeschrittene und soll erst zu einem späteren Zeitpunkt, wenn wir wirklich standhaft sind, umgesetzt werden. Diese Form benötigt eine starke Geisteshaltung und eine vollkommene Einstellung dem Leben gegenüber.

ELEGANZ IST
SCHÖNHEIT, DIE
NIE VERGEHT

LIEBE IST DIE ANTWORT

Liebe ist ein einfaches Wort mit vielen Gesichtern und Facetten. Wenn wir mit der Liebe gehen, wenn wir den Kampf in uns selbst auflösen und in Liebe zu uns selbst oder in Liebe zu dieser Welt transformieren, erlangen wir stets einen inneren Frieden. Liebe ist das, was wir fühlen, wenn wir in die Unendlichkeit eintauchen. Liebe, die wir zur Natur, zu einem anderen Menschen oder Liebe, die wir zu uns selbst fühlen.

„All you need is love", die Beatles machten es uns vor. Wenn wir Liebe spüren und leben, haben wir alles, was wir zum Leben benötigen. Liebe gibt uns viele Antworten auf das Leben selbst.

Wahre Liebe lässt frei, wenn wir die Worte von Robert Betz lesen. Liebe zu einem anderen Menschen ist dann, wenn wir ihn machen und ihn in sich selbst gedeihen und entfalten lassen – und wir immer in Liebe für ihn da sind. Liebe zu anderen Menschen kann so viel Vergebungsarbeit leisten, weil wir wissen, dass der andere auch nur ein

Mensch ist und die Liebe im Vordergrund stehen darf. Die Liebe zu dem, was ist. Die Liebe zu unseren Eltern oder unseren Geschwistern, auch wenn nicht alles so abläuft, wie es vielleicht sein sollte, ist diese Liebe irgendwie da.

Lassen wir sie vor allen anderen Aspekten wirken. Die bedingungslose Liebe, die einfach da ist, egal was der andere macht, was er aus unserer Sicht richtig oder falsch macht. Diese bedingungslose Liebe lässt uns selbst in einer Freiheit erwachen, wie sie noch nie vorhanden war. Eine tolle und innige Partnerschaft in einer bedingungslosen Liebe ist ein wahres Geschenk. Bringen wir dieses Gefühl in die Welt, zu unseren Kindern, zu unserem Umfeld. Und was wir nicht vergessen dürfen, wir dürfen diese bedingungslose Liebe auch uns selbst schenken.

Vergib Dir selbst, für Dinge, die Du gemacht hast, nur weil Du es zu diesem Moment nicht besser wusstest. Du hast eine Erfahrung gemacht, die Dich in der Zukunft unterstützen wird. Bedingungslose Liebe für Dich selbst, weil Du es verdient hast, weil Du nicht jeden Tag werten und bewerten musst, sondern dieses umfangreiche Geschenk des Daseins das Wichtigste ist. So schön, dass es Dich gibt! Du brauchst keine Liebe, weil Du die Liebe selbst bist. Die Liebe zum Leben, die Hingabe und im Bewusstsein, einen Teil des Ganzen auszumachen. Die Liebe einfach spüren ist Erfüllung und Glück.

Es ist unsere Aufgabe, uns unsere Liebe zu geben. Niemand anders kann uns Liebe schenken. Liebe ist etwas,

was man nur geben kann. Wenn wir auf der Suche nach Liebe sind, werden wir die Liebe nicht finden. Für eine Beziehung und Partnerschaft ein sehr wichtiger Aspekt. Denn wenn wir einen Menschen brauchen, der uns Liebe gibt, sind wir in einer Abhängigkeit und in einer Forderung, die so nicht gesund existieren kann. Es kann sein, dass wir auf diese Weise einen Partner einschränken und ihn belasten.

Liebe ist, jemandem Aufmerksamkeit zu schenken. Liebe ist für jemanden einfach da zu sein und ihn in den Arm zu nehmen. Eine Geste, die Worte überflüssig macht. Die Liebe zu uns selbst, denn wir dürfen uns selbst gefallen. Du bist gut, genauso, wie Du bist. Genauso, wie Du erschaffen worden bist. Kritisieren wir nicht das was ist, verändern wir das, was wir tun können. Manchmal ist es gut, wie es ist, weil es nicht perfekt ist. Mit Liebe zu kommunizieren, mit oder ohne Worte, ist die Meisterschaft. In jeder Hinsicht dürfen wir immer die Liebe und das Mitgefühl gegenüber dem Nächsten leben.

Liebe kann so vieles in sich selbst heilen. Wenn wir spüren, dass jemand für uns da ist. Wenn wir Liebe zu unseren Partner/-innen, unseren Kinder, unseren Eltern oder unseren Freunden einfach spüren. Die Liebe, die einfach da ist und wir spüren, verbunden zu sein. Mit einem starken Umfeld im Rücken haben wir das Gefühl, alles erreichen zu können, die grössten Hürden und Herausforderungen des Lebens meistern zu können. Liebe und Verbundenheit ist die Kraft und das Vollkommene, sie ist die Magie und der Zauber. Wenn wir Liebe spüren, ist so viel anderes zweitrangig. Es gibt kein stärkeres Gefühl. Die wahre Liebe ist frei von Bedingungen und Erwartungen.

Wenn wir einen schlechten Tag haben, eine Enttäuschung oder eine Verletzung erlebt haben und wir von einem geliebten Menschen einfach in den Arm genommen werden, ohne ein Wort zu sprechen, fühlen wir diese einfache Heilung. Was eine Umarmung bewirken kann, ist so unglaublich kraftvoll. Der Schmerz fliesst weg und wir geben dem Gefühl der Liebe mehr Kraft. Es überwiegt. Die Liebe ist immer stärker als alle anderen Gefühle. Durch die Umarmung fühlen wir, dass wir geliebt werden und wertvoll sind. Viele Eltern sprechen immer wieder davon, dass ein Lächeln ihres eigenen Kindes alle Sorgen verwehen lässt. Diese kraftvolle Liebe kann auch in der Natur spürbar sein. Wenn wir einfach draussen sind, können viele Probleme eine Lösung finden oder in ihrer Intensität abnehmen. Die Liebe ist das schönste Lebensgefühl.

AIMER LA VIE ET
VIVRE POUR
AIMER.
–
LIEBE DAS LEBEN
UND LEBE, UM ZU
LIEBEN.

EINFACH SEIN – ERINNERE DICH, WIE WUNDERBAR DU BIST

Einfach sein scheint eine Kunst zu sein, weil es ein Zustand in einer Fülle, Zufriedenheit und Leichtigkeit beschreibt, um das Leben zu geniessen und Spontanität leben zu lassen. Einfach sein ist eine bewusste Form der Gedankenlosigkeit, ein Loslassen von den vielen Konstrukten im Kopf. Es ist eine Gelassenheitsform und eine Akzeptanz dessen, was ist und wie es ist. Es beschreibt eine positive Leichtigkeit und ein absolutes Vertrauen in den Prozess. Wie wenn Du zufrieden in der Natur sitzt und die Vögel beobachtest.

Aus dieser Lebenseinstellung heraus lässt sich viel mehr mit der Intuition leben, weil Du offen bist, die Intuition anzunehmen und überhaupt zu hören. Denn wenn unser Kopf voll von Gedanken ist, ist die eigene Stimme sehr leise. Einfach sein ist auch ein Leben in Dankbarkeit und Freundlichkeit gegenüber den Menschen und der Welt. Ein innerer Frieden, der Dich aus der Freude heraus leben lässt.

Deshalb verstehst Du, warum ich am Anfang das Wort «Kunst» verwendet habe. Es ist ein langer Prozess, in diese Ruhe einzutauchen und aus dieser Ruhe heraus zu leben. Die Worte «einfach sein» beinhalten eine Einfachheit. Doch alles was von aussen einfach erscheint, ist eine Kunst. Wenn ein Zirkusartist Akrobatik ausübt und es beim Zusehen sehr «einfach» aussieht, beginnen wir sein Können und sein Talent dafür zu verstehen. Das „einfach sein" beinhaltet viele Prozesse davor, damit wir langfristig aus diesem Gefühl heraus leben können. Die Akzeptanz dessen, was ist. Die erreicht man mit der Zufriedenheit in sich selbst und mit Vertrauen, dass alles seinen Weg hat und haben wird.

Aufenthalte in der Natur bringen uns wie selbstverständlich und automatisch in eine tiefe Stille und in ein Vertrauen. So als ob wir uns an diesen tiefen Urzustand erinnern würden. Wir sind einfach, ohne eine Frage zu stellen, ohne eine Antwort zu benötigen. Auch Musik kann diesen Flow wie ein Soforteffekt hervorrufen. Musik in den Ohren kann uns vergessen lassen, was ist und Dich in das komplette Abschalten bringen. Vielleicht singst Du dazu und Du fühlst Dich herrlich. Dann wachst Du auf und hast das Gefühl, die Zeit sei vorbeigeeilt, weil Du Dich einfach hast treiben lassen.

Wann und wie Du diese Art von Trancezuständen erlebst, kann sehr individuell sein. Erinnere Dich selbst an Deine Wohlfühlmomente. Was machen sie so speziell? Warum genau diese Momente? Was könntest Du verändern und tun, damit Du mehr so leben kannst? Dich genauso fühlen kannst wie in diesen Wohlfühlmomenten? Damit das glückliche Gefühl und diese innere Zufriedenheit mehr Raum in Deinem Leben bekommt?

Für mich bekommt diese Lebenseinstellung immer mehr an Wert, weil ich spüre, dass sie mir gut tut. Die innere Leichtigkeit ist ein Gefühl der Zufriedenheit. Die Intuition übernimmt immer mehr an Funktion und Inhalt. Deshalb glaube ich, wir wären nicht unproduktiver, sondern produktiver, gelassener und zufriedener, wenn wir nicht immer versuchen würden, unseren Kopf zu überbeanspruchen und in der Kontrolle der Gedanken zu leben. Die Intuition findet viel schnellere und einfachere Wege.

Kennst Du das? Du stehst am Abend gemütlich unter der Dusche und geniesst die warmen oder kalten Wasserstrahlen. Endlich den Kopf abschalten vom ganzen Tag und den Stress mit dem Wasser abwaschen. Und dann, plötzlich aus dem Nichts, kommt die Idee, die alles zusammenfügt. Die Idee, die Dir das Problem löst und plötzlich erscheint alles so logisch. Genau das meine ich. Jetzt kannst Du am nächsten Tag gelassen zur Arbeit fahren und diese Idee mit Deinem rationalen Verstand und Deinen Kenntnissen konstruktiv umsetzen.

Eigentlich erschaffen wir uns das meiste Leid selbst. Ich weiss, dieser Ausspruch ist etwas provokativ. Doch so glaube ich, dürfen wir diesem Gedanken nachgehen und ihn einmal in unser Bewusstsein rufen. Das meiste Leid, welches wir uns antun, sind unsere Gedanken im Kopf. Der Widerstand und der Kampf in uns selbst. Mark Twain meint dazu: *„Ich hatte mein ganzes Leben viele Probleme und Sorgen. Die meisten von ihnen sind aber niemals eingetreten."* Die Gedanken quälen uns. Gedanken wie „Ich muss mehr leisten", „Ich bin nicht gut genug", „Das ist nicht fair", „Der Nachbar hat etwas Schöneres", „Was hat der/die andere gegen mich", „Ich bin so enttäuscht" und noch viele mehr.

Oft foltern wir uns selbst. Auch hochmütige Gedanken, besser zu sein als andere, erfordert immer wieder die Anforderung an Dich selbst, dies zu denken oder danach zu handeln. Wie oft stressen wir uns täglich selbst? Wie stark bringen wir uns selbst wieder unter Druck? Ich glaube, die Antwort ist uns vollkommen bewusst, einfach viel zu oft.

Es gibt noch einen anderen Schmerz in dieser Welt, den Schmerz, den wir sehen können und uns traurig werden lässt. Leid, welches wir vielleicht aus unserer Kraft heraus nicht ändern können. Wir besinnen uns an das Kapitel, dass uns dunkle Stunden weiterbringen können. Sie sind manchmal das Wertvollste, was geschehen kann, damit eine Veränderung passiert. In diesem Wissen und dem Vertrauen in diese Welt, dass alles seinen Grund haben wird, können wir uns davon lösen. Vielleicht spornt es uns auch selbst an, dagegen etwas zu unternehmen. Vielleicht sind es genau unsere dunklen Stunden, die uns ins Handeln bewegen. Die uns in unserer inneren Motivation vorantreiben.

Über einen abschliessenden Sinn des Lebens können wir viel philosophieren. Wissen tun wir es vielleicht am Ende? Ich weiss es nicht. Der Ausspruch von Hildegard von Bingen finde ich sehr schön: *«Die Gräslein können den Acker nicht begreifen, aus dem sie spriessen».*

Irgendein Zugang zu einem bestimmten Wissen ist mir gegeben. Es ist für mich unwichtig, wie wir es nennen. Sei es Medialität, sei es eine universelle Wissensbibliothek, Geistführer, Intuition oder einfach meine eigene innere Stimme. Es gibt verschiedene Zugänge und Arten der Konversation. Durch Trainings konnte ich gewisse Zugänge stärken und abfragen, die aus meinem rationalen Verstand heraus nicht erklärbar sind. Also meine Gedanken und mein Wissen, welches ich hier auf der Welt erlernte, können dieses Wissen nicht beinhalten. Es macht mir verständlich, dass es viel mehr auf dieser Welt gibt, als wir mit unseren fünf Sinnen erkennen können. Wahrscheinlich haben wir noch weitere Sinne, die wir einfach zu wenig trainieren oder aktivieren.

So stelle ich mir das vor. Anderen erkläre ich, dass ein Insekt viel mehr sehen kann, oder anders sehen kann als ein Mensch. Nur weil ein Mensch dies nicht sehen kann, darf ich dann urteilen und sagen, dass es nicht möglich ist? Oder ein Hund hört und fühlt mehr als ein Mensch. Also sind doch die Möglichkeiten vielfältiger, als das, was wir können. Soll ich sagen, unter Wasser zu atmen sei unmöglich? Nur weil ich keine Kiemen wie ein Fisch besitze? Wir dürfen die Begrenzungen in unserem eigenen Kopf aufheben, um zu erfahren, was alles möglich ist. Wenn ich rede, was ich weiss, bleibe ich stehen. Wenn ich zuhöre und zuschaue, lerne ich dazu.

So haben wir kurz einen Umweg in ein anderes, sehr umfängliches Thema genommen. Nun, ich habe diese höhere Wissensbibliothek vor Jahren aufgesucht, um den Sinn des Lebens zu erfahren. Ich bekam damals die Antwort: «Die Glückseligkeit im Sein». Jahre später, nach diversen persönlichen Erfahrungen, nach vielen gelesenen Büchern und anderen zugänglichen Wissensmöglichkeiten, nach Kursbesuchen, Gesprächen mit älteren Menschen, nach vielen Hypnosetherapien, komme ich immer wieder zur gleichen Ansicht, dass diese Information, die ich damals bekommen habe, für mich immer noch absolut stimmig ist. Wir dürfen glücklich sein, es ist die Aufgabe.

Erinnere Dich daran, wie wunderbar Du bist. Was Du selbst für ein Kunstwerk als Mensch und Verkörperung bist. Die Verkörperung des Menschseins ist nur der eine Teil. In Dir drin ist eine Seele, die wir uns mit unserem Verstand nicht erklären können, was sie genau ist. Irgendwo schlummert noch ein Geist, den Du tagtäglich benutzt, ohne zu wissen wie. Du hast um Dich herum eine Natur, die in sich selbst perfekt ist. Wenn Du die Berge anschaust, kannst Du diese unendliche Kraft spüren und betrachten. Wir haben im Schulunterricht mitbekommen, wie alles aufgebaut ist, wie die Sonne scheint, das Wasser verdunstet und wieder zum Regen wird. Wie Pflanzen Sauerstoff produzieren, ihre Blätter zu Boden fallen und diese wieder als

Nährstoffe dienen. Phänomene in sich selbst, die Kreisläufe schliessen und alles wieder verwendet werden kann.

Wenn wir etwas tiefer in die Materie blicken, existieren Atome mit Protonen, Neutronen und Elektronen. Kein Mensch dieser Welt hat die Möglichkeit, ein solch perfektes System zu erbauen. Ein absolutes Wunderwerk und Du selbst bist genauso ein wunderbares Wunderwerk dieses Planeten. Nur durch Dein Dasein selbst. Erkenne die Schöpfung in dir.

Wenn wir uns daran erinnern, dass nur unser Sein, unser Dasein bereits die absolute Berechtigung hat, brauchen wir nichts zu leisten, um absolut wunderbar zu sein. Das beste Beispiel dafür ist ein neugeborenes Kind, das soeben das Licht der Welt erblickt hat. Ohne dass das Kleine irgendetwas geleistet oder getan hat, lieben wir es. Und genau diese Liebe hast auch Du verdient, genau diese Liebe, so wünsche ich es mir, wurde Dir bei Deiner Geburt übergeben und genau diese Liebe darfst Du Dir selbst geben.

So oft haben wir das Gefühl, wir sind erst gut, wenn wir leisten, wenn wir einen Mehrwert liefern können. Wir schuften für Anerkennung und Liebe. Doch das brauchst Du nicht zu tun. Du darfst arbeiten und Du sollst diesem Leben dienen, Du darfst Dich in diese Welt einbringen. Aber aus einem anderen Aspekt. Weil Du es tun willst. Aus Deiner Inspiration heraus. Und nicht, um Liebe und Anerkennung zu erhalten. Das ist ein sehr wesentlicher Unterschied. Wenn Du es aus Deiner Motivation heraus machst, ist es immer ein Erfolg, weil Du gemacht hast, was Du wolltest und konntest. Es wird Dich zufrieden stellen, auch wenn etwas schief läuft, Du hast es aus der Fülle heraus gemacht. Und Fehler dienen der Verbesserung.

Wenn Du um Anerkennung und Liebe kämpfst und sie Dich nicht erreichen werden, fühlst Du Dich nicht wertgeschätzt, Du wirst unzufrieden und es kann Dich erschöpfen lassen. Arbeite aus der Freude am Tun heraus. Folge immer der Freude und der Inspiration, aus Deinem Inneren heraus. Versuche Dich vom Leistungsdenken zu verabschieden. Wenn Du Mitarbeiter führst und diese Freude an der Arbeit haben, werden sie viel bessere Ergebnisse erzielen, als wenn Du sie zur Leistung bewegen musst. Dein Unternehmen wird viel zufriedenere Mitarbeiter und Kunden haben.

Ein Berufsschullehrer von mir, der selbst eine Drogerie führte, erzählte uns, er lasse seine Mitarbeiter gerne 15 Minuten früher gehen, wenn sie etwas nach der Arbeit geplant haben. Weil er genau weiss, dass diese Wertschätzung von ihm als Dankbarkeit mehr als das zurückkommen wird. Sie werden auch für ihn mehr geben, bleiben vielleicht einmal länger, um einen Kunden vollumfänglich zu bedienen und werden ihm dies auch nicht «in Rechnung» stellen. Diese Worte blieben mir bis heute. Der Hintergrund liegt daran, dass der weise Mensch, wenn er etwas geschenkt bekommt, in sich das Gefühl hegt, es zurückgeben zu wollen.

Aber zurück zu dem Wunderwerk, das Du bist. Wieso müssen wir uns klein halten? Wir haben manchmal den Anspruch an uns selbst, uns klein zu machen, damit sich andere gross und besser fühlen können. Doch macht das Sinn? Definitiv nein. Wenn jeder in sein volles Potenzial gelangt, helfen wir uns gegenseitig am meisten. Wenn wir uns gegenseitig gross machen, ist allen gedient. Wenn jemand den Anspruch hat, dass Du Dich klein fühlen sollst, ist das sehr oft sein Problem und nicht Deines. Lasse Dich selbst nicht irritieren.

Selbstwert und Selbstbewusstsein sind vor allem die Annahme von sich selbst. Selbstbewusstsein beinhaltet den Begriff „sich selbst bewusst sein und werden", also sich selbst kennenzulernen. Den eigenen Stärken und Schwächen bewusst zu werden und zu sich selbst zu stehen. Mit sich selbst zufrieden und glücklich zu sein. Optimistisch in die Zukunft zu blicken und ein sicheres Auftreten zu haben. Zu jedem Zeitpunkt des Lebens die beste Version seines Selbst zu leben. Vielleicht auch, sich selbst nicht immer in den Mittelpunkt zu rücken, sondern auch eine klare Abgrenzung von Aspekten zu machen, die nicht zu einem selbst gehören. Um dies zu verstehen, bedingt es, dass Du Dich selber gut verstehst und kennst.

Selbstvertrauen ist geerdet zu sein. Auch ein Sturm kann Dich nicht so schnell wegwehen, denn Du stehst mit tiefen Wurzeln in der Erde verankert. Denke an den Baum, der durch jeden Sturm tiefere Wurzeln bekommt. Du weisst, egal was kommt, Du findest Dich in jeder Situation zurecht, oder Du holst Dir Möglichkeiten, um Dich zurecht zu finden. Du vertraust Dir selbst und Deinen Kompetenzen. Du vertraust, dass alles seine Richtigkeit hat.

Selbstwert ist, wenn Du erkennst, wer Du bist und Du Deinen Wert verstehst. Welches grandiose Kunstwerk Du als Verkörperung Mensch bist. Du bist nicht mehr bereit, alles zu tun, sondern du filterst. Du entscheidest Dich für Dinge, die für Dich einen Wert ergeben oder die Deinen Werten entsprechen. Du kannst anderen Menschen auf Augenhöhe begegnen. Der gegenseitige Respekt ist vorhanden. Ich bin es mir wert. Ich bin ein Mensch mit Werten und Gefühlen. Wir dürfen in das weiche und feine Gefühl eintauchen. Glück ist, sich selbst genug zu sein.

Du bist wunderbar und am wunderbarsten wirst Du in Deiner reinen Form. Erinnere Dich daran. Stell Dir einmal vor, Du würdest alles das, was Du erlebt hast und alle Gedanken wie Kleidungsstücke abziehen. Du stehst dann in einem gewissen Sinne «nackt» da. Wer bist Du dann? Versuche eine intuitive Antwort zu finden...

Im „einfach sein" ist alles vorhanden. Es ist eine innere Ruhe und Leichtigkeit da. Wir strahlen automatisch und selbstverständlich Selbstvertrauen und Selbstbewusstsein aus. Einfach SEIN genauso wie du bist.

Glaube an Dich selbst, Du wurdest so erschaffen, wie Du sein sollst.

LASST EUCH NICHT
DURCH DIE
EINFACHHEIT DER
METHODE VON
IHREM GEBRAUCH
ABHALTEN, DENN
JE WEITER EURE
FORSCHUNGEN
VORANSCHREITEN,
UMSO MEHR WIRD
SICH EUCH DIE
EINFACHHEIT
ALLER SCHÖPFUNG
ERSCHLIESSEN.
DR. EDWARD BACH

DIE ANGST SETZT GRENZEN

Leider sind Ängste und Panik sehr weitverbreitete Themen und immer mehr Menschen leiden darunter. Es ist für die Betroffenen sehr einschränkend, mit diesen Symptomen zu leben. In leichteren Formen lassen Ängste uns verspannen und sie lösen eine innere Unruhe aus. Alle schweren Formen beinhalten noch viele weitere möglichen Symptome.

Es gibt im Grundsatz keine grössere Illusion als die der Angst. Ängste sind eine Beeinflussung des Geistes, die uns von unserem wahren Kern abwendet. Wenn wir selber in unser Vertrauen und in unser eigenes inneres Weltbild zurückkehren, werden wir frei.

Gut begründete Ängste und Ängste, die uns vor etwas warnen, sind überlebenswichtig. Wir legen jetzt den Fokus des Themas auf Ängste, die ständige Lebensbegleiter sind und uns vom eigentlichen Leben abhalten. Ängste, die uns hindern, in unsere volle Lebenskraft zu kommen und uns einschränken. Manchmal wissen wir nicht, dass eine Angst hinter einem Thema steckt, weil sich die Angst so gut tarnen kann. Es können andere Symptome im Vordergrund stehen und erst wenn wir in die Tiefe des Themas eintauchen, erkennen wir eine Grundangst dahinter.

Es gibt im wesentlichen verschiedene Grundängste: Angst vor Armut, vor sozialer Ausgrenzung, Angst vor dem Alleinsein, der Verlassenheit und Angst vor dem Tod. Ängste lösen wir, wenn wir sie transformieren. Wir dürfen unseren Ängsten Beachtung schenken, weil sich hinter ihnen oft unser grösstes Entwicklungspotential verbirgt. Es ist eine Aufforderung, um das Selbstvertrauen zu stärken. Denn wenn das Vertrauen gross genug ist, können keine Gedanken ausgelöst werden, die eine virtuelle Angst vermitteln.

Angst ist ein Produkt der Gedanken. Die Angst steckt im Kopf und wird durch Gegebenheiten und Suggestionen gefördert. Angst ist die Zusammensetzung von Erlerntem. Werden wir durch unsere Angst blockiert, verfallen wir oft in einen Rückzug. Dieser Rückzug soll bewirken, dass wir uns an unser Selbst erinnern. In der Angst geht die Verbundenheit mit uns selbst verloren. Die Seele führt uns auf den richtigen Weg, zurück in das Vertrauen. Wenn wir auf unser Inneres hören, werden wir still und so kann Ruhe und ein inneres Wohlgefühl zurückkehren.

Der Weg des Herzens führt oft durch die Angst hindurch. Wer frei von Ängsten ist, kann alles erreichen, weil er die ganze Kraft und Inspiration in das Entstehende setzen kann. Diese Menschen leben in der Gegenwart und erschaffen damit ihre Zukunft. Der beste Weg, die Furcht in Kraft zu verwandeln ist also, sich ihrer nützlichen Funktion bewusst zu werden und die Ängste zum Beispiel in Konzentration, Mut, Energie, Durchsetzungswillen, Liebe oder sogar Lebensfreude zu transformieren. Anstelle an Angst zu denken, kann dieses Gefühl als Spannung und Erregbarkeit definiert werden, um sich selber zu überwinden und seine eigenen Grenzen zu sprengen.

Angst kann die Liebe sein, die uns an der Hand nimmt, um uns das wahre Leben zu zeigen. Denn nur wer Angst verspüren kann, kann auch Mut beweisen. Wenn man den Begriff (Ur-)Angst umdreht, entsteht (Ur-)Licht/(Ur-)Liebe. Angst ist genauso wie Licht einfach eine Energieform. Wichtig dabei ist, die Angst anzunehmen und sie anschliessend zu verändern. Wähle Liebe anstelle von Angst. Gib Deinen Fähigkeiten und Möglichkeiten die volle Kraft. Wenn wir nicht mehr ängstlich sind, beginnen wir zu leben. Gib Deinen Träumen mehr Kraft als Deiner Angst. Denn die Gefühle der Liebe und der Freude sind stärker als die der Angst.

Oft haben wir Angst, die Kontrolle zu verlieren. Sehr viele Ängste beruhen auch darauf, dass zu wenig Wissen vorhanden ist. Eignen sich die Menschen Wissen an, verfliegt die Angst sehr oft. Gerade bei Jugendlichen erlebe ich vermehrt die Angst vor dem Tod. Es ist eine Unsicherheit, nicht zu wissen, was passiert. Nur die Möglichkeit, sich über den Tod ein eigenes Bild zu verschaffen, indem man sich Wissen aneignet und seine eigene Meinung darüber bildet, kann die Ängste vergehen lassen. Oft haben wir nicht Angst vor dem Tod, sondern Angst, nicht gelebt zu haben. Wenn wir zum Beispiel Angst vor Wasser haben, müssen wir lernen zu schwimmen. Haben wir Angst zu scheitern, erinnern wir uns an alle starken Momente, die uns aufzeigen, was wir alles geschafft haben. Wir können uns auch das Wissen von Profis und Trainern aneignen und uns vorbereiten, damit die Möglichkeit zu scheitern enorm gering wird.

Bei Ängsten dürfen wir die Verbindung wieder suchen. Die Verbindung zum standhaften Teil in uns. Damit wir wieder lernen, vermehrt aus dem Gefühl heraus zu leben und dem Gefühl mehr Weisheit zu geben. Wenn wir uns vorstellen, wir haben ein spezifisches Thema und wir würden eine Arena der Diskussion eröffnen. Stell Dir selbst vor, was der Kopf und die Gedanken zu diesem Thema der Angst meinen. Dann befrage die innere Stimme oder das innere Gefühl, was sie dazu zu sagen haben. Manchmal können wir das innere Gefühl in diesen Situationen nur sehr schwach wahrnehmen, weil es verlernt hat, stark zu sein.

Geben wir dem inneren Gefühl wieder mehr Aufmerksamkeit und lernen seine Weisheit zu schätzen, wird es uns wieder stärker begleiten. Dafür dürfen wir uns erden, vielleicht irgendwo an einem schönen Ort in der Natur, wo wir die Ruhe der schwimmenden Fische betrachten, das Plätschern des Wassers hören, die Wärme des Windes wahrnehmen oder den Duft der fallenden Herbstblätter riechen können. Die Unruhe wird sich in eine wunderbare Ruhe wandeln. Eine Ruhe im Vertrauen und in der Stimmigkeit des Lebens. In dieser Ruhe und in dieser Kraft wird die Freude automatisch wieder aufblühen. Sie bekommt wieder Raum und Platz.

Wir beginnen zu lachen, zu träumen, zu tanzen, zu hüpfen und zu singen. Und diese Lebenskraft ist nicht zu bändigen. Diese Lebenskraft wirkt.

UM WIRKLICH
ERFOLGREICH ZU
SEIN, DARF MAN
IM LEBEN NICHT
GEGEN ANDERE,
SONDERN IMMER
WIEDER GEGEN
SICH SELBST
ANTRETEN.

ZIELE, VISIONEN UND TRÄUME

„Du musst immer von etwas träumen können" – diese Worte gab uns unser Vater mit auf den Lebensweg und sie klingen noch immer in meinem Kopf. Was er uns damals vermittelte war, Du brauchst überhaupt nicht alles bereits heute erlebt zu haben, das Schönste ist, wenn Du ein Ziel vor Augen hast und Dinge, die Du gerne noch erleben möchtest. Er vermittelte uns, dass Träume und das Träumen an sich selbst etwas Wunderbares ist.

Es ist nicht nur das Erreichen eines Zieles, was wichtig ist. Der ganze Weg und der Prozess hin zum Ziel ist wundervoll. Denn auf dem Weg lernen wir vieles über uns selbst, wir haben inspirierende Begegnungen, die uns auf einem weiteren Lebensweg begleiten. Der Weg ist Motivation und Inspiration, das Ziel zu erreichen. Und sind wir ehrlich, wenn wir unser Ziel erreicht haben, ruhen wir uns kurzzeitig aus und suchen uns ein neues Ziel. Also sind wir doch immer auf dem Weg. Ich glaube, diese Akzeptanz des Weges, des Unterwegsseins und des Lernens dürfen wir noch mehr in unsere Lebenseinstellung integrieren. Oft denken wir, wir sind nur vollkommen, wenn das Ziel erreicht ist. Es wäre schade um die Lebenszeit, wenn wir immer nach der Vollkommenheit unserer Ziele streben, anstelle der Fokussierung der Vollkommenheit von uns selbst, die wir zu jedem Zeitpunkt unseres Lebens sind und haben.

> *„Versuche nicht perfekt zu sein, denn Du bist es schon."* Immanuel Kant

Ziele sind für uns sehr wichtig und sie sind Wegweiser. Sie dienen unserer Orientierung und sie vereinfachen unser Leben. Ziele stärken uns. Wir können einfacher Entscheidungen treffen und Prioritäten setzen. Dies gilt für alle. Der Demotivierte findet in seinen Zielen seine Motivation. Der Gestresste findet in seinen Zielen Prioritäten. In den Zielen finden wir Sinn. Ziele helfen, bei schwierigen Situationen auf dem Weg zu bleiben. Wenn wir unser übergeordnetes Ziel kennen, sind Schwierigkeiten nur Ablenkungen. Sie können das Ziel nicht zerstören. Sie können uns lediglich dazu anregen, neue Denkansätze und Lösungswege zu definieren. Vielleicht einen Umweg zu machen, aber stetig weiter in die Richtung des Zieles oder des Traumes zu gehen. Es scheint fast unmöglich, aus der Bahn geworfen zu werden, weil die Visualisierung stark ist.

Es gibt verschiedene Möglichkeiten, Ziele zu definieren. Viele Mentoren empfehlen, Ziele regelmässig aufzuschreiben, weil sie in der schriftlichen Form für uns Menschen wirksamer sind. Sie haben eine stärkere Kraft und sie sind auch nach Jahren überprüfbar. Manchmal ist es sehr spannend nach Jahren nachzulesen, was wir damals aufgeschrieben haben.

Ein entscheidender Faktor ist aus meiner Sicht die Lebendigkeit des Zieles. Das Ziel darf den inneren Herzensweg widerspiegeln. Wenn wir diese Vision haben, dürfen wir diese Vision mit allen unseren verfügbaren Sinnen wahrnehmen. Wie fühlt es sich an, wenn dieses Ziel erreicht wurde? Was sehe ich? Was höre ich? Was schmecke ich? Was fühle ich? Was rieche ich?

Stell Dir Dein Ich vor Deinen Augen vor, welches das Ziel bereits erreicht hat. Wie sieht es aus? Welche Persönlichkeit ist es? Was macht es aus? Was ist anders zu der Person, die Du heute bist? Was unterscheidet die beiden? Und was könnte die heutige Person tun, um bereits heute die Person zu sein, die ihr Ziel erreicht hat? Könntest Du bereits heute diese Persönlichkeit leben?

Meine Gedanken gehen dahin, dass es vielleicht nicht um das effektive Ziel im Aussen geht, sondern um die Persönlichkeit, die wir bei der Zielerreichung geworden sind. Also könntest Du die Person, die ihr Ziel erreicht hat, bereits heute leben? Könntest Du vielleicht immer mehr und mehr diese Persönlichkeit sein und leben und sie in Deinen Alltag integrieren? Wenn wir von der Resonanz ausgehen, könnten wir unser Ziel noch effizienter erreichen, wenn wir dieses ICH bereits sind? Wäre es vielleicht eine Möglichkeit, nur die Person anzustreben, die bei der Zielerreichung gelebt wird? Weil wir dieses Ziel immer erreichen können? Denn manchmal laufen wir Gefahr, wenn wir Ziele zu stark im Aussen definieren, eine überaus hohe Erwartungshaltung entstehen kann. An das Aussen und auch an uns selbst.

Wenn diese Erwartungen und dieser dabei entstehende Druck im Einklang stehen und uns nicht erdrücken, ist es absolut legitim. Doch ich kenne viele Menschen, die unter der Last ihrer eigenen Erwartungen zusammenbrechen. Auf Erwartungen folgen oft Enttäuschungen. Enttäuschungen sind nur das Ende der Täuschung. Also eigentlich wieder etwas wunderbar Wertvolles.

Dieses Buch hat für mich selbst nicht die Definition an sich, dass es nur eine Wahrheit gibt. Vielleicht mag es Fragen aufwerfen, die Deinen eigenen inneren Dialog anregen. Dann hat es aus meiner Sicht den grösstmöglichen Effekt erreicht.

Gerne erkläre ich Ziele mit dieser bildlichen Darstellung: Stell Dir vor, Du sitzt in einem Ruderboot auf dem Atlantik, das ist Dein Leben. Das Leben widerspiegelt eine Reise. Du definierst Dein Ziel, dass Du nach New York paddeln möchtest. Du machst Dich auf den Weg und paddelst Tag für Tag in diese Richtung.

Weil Du nun Deine Richtung kennst, kannst Du gemütlich Pausen einlegen. Du darfst Dich mit einem anderen Ruderboot treffen und Du wirst Momente verweilen. Du magst Deinen Weg in Leichtigkeit geniessen, weil die Gedanken auf das Ziel fokussiert sind. Die Gedanken kreisen nicht ständig darüber, wohin und wie Du weiterkommen möchtest. So kannst Du an Ort und Stelle auf Deine Intuition hören, mit Gelassenheit den Moment geniessen und im Jetzt leben.

Und Du weisst, dass Du, selbst wenn Du langsam bist, immer noch schneller bist als der, der gar kein Ziel hat und ständig in eine andere Richtung paddelt auf der Suche nach sich selbst. Wenn Du vor der Küste von New York angekommen ist und Du plötzlich siehst, dass Miami viel besser zu Deiner Persönlichkeit passt, dann habe die Flexibilität, Deinen Kurs zu ändern und auf die andere Destination zuzugehen. Selbst wenn die Entscheidung falsch war, weisst Du jetzt, dass Du das nicht bist und weisst dafür, wer Du bist. Du hast ein Stück Deiner Identität erkannt. Du hast Erfahrungen gemacht, um Deinem Selbst näherzukommen. Aus der Entfernung haben wir die Küste Amerikas gesehen, konnten uns in unserer Vorstellung ausmalen, wie es sein könnte. Aber aus der Nähe sehen wir noch besser, was zu uns passt.

Die positive Vorstellungskraft zu wissen was man möchte, ist sehr entscheidend. Ziele definieren ist wichtig, aber wir dürfen sie danach behütet ablegen und in das Vertrauen des Lebens legen. Verharren wir zu stark im Willen, dass etwas geschehen muss, nehmen wir dem Leben wieder die Lebendigkeit.

Play the game – Spiele das Spiel. Es muss nicht alles perfekt sein, es soll sich lebendig anfühlen. Ich wusste lange nicht, dass der Begriff Abenteuer eine so schöne Definition beinhaltet: Abenteuer (lat. adventare) heisst ankommen (bei sich selbst ankommen).

Und noch ein Ausspruch meines Vaters: Alles hat einen viel grösseren Wert, wenn Du es selbst erschaffen hast. Vielleicht gibt es Ungerechtigkeiten in dieser Welt und manchmal fragst Du Dich, warum andere Vorteile im Leben erhalten, ihnen eine sehr lukrative Chance oder Unterstützung geboten wird und Dir vielleicht nicht. Denke daran, dass Dein Weg vielleicht ein anderer ist und Du erst im Nachhinein verstehst, dass die Ablehnung nur zu Deinem besten Wohl war. Manchmal sind wir dankbar für das, was nicht eingetreten ist. Du kannst alles erreichen, wenn Du aus tiefstem Herzen daran glaubst. Weil es dann Deinem Gefühl und Deinem Weg entspricht.

Illustration: Ziele - ich gestalte mein eigenes Sein

DIE ZUKUNFT

GEHÖRT DENEN,

DIE AN

DIE

WAHRHAFTIGKEIT

IHRER TRÄUME

GLAUBEN.

ELEANOR ROOSEVELT

DIENE DEM LEBEN

Indem wir unsere Leidenschaft und unsere Passion in das Leben integrieren, dienen wir dem Leben. Es ist wichtig, unsere Ziele darauf zu fokussieren, wer wir sind. Wie die Rose, die sich nicht zum Ziel machen sollte, fliegen zu lernen, sondern ihr Ziel darf sein, Liebe zu verbreiten.

Das Leben hat seine Wege und vielleicht ist auf unserem Lebensweg geschrieben, dass es für uns einfach wichtig ist, diese Atlantiküberquerung zu machen. Doch es liegt an uns selbst, wie wir sie machen und wo wir ankommen. Wie effizient wir sind, wie wir den Menschen auf diesem Weg begegnen und welche Augenblicke und Momente wir auf dieser wundervollen Reise in unser Herz einschliessen werden. Es liegt an uns, wie diszipliniert, motiviert und wie glücklich wir unterwegs sein werden.

In der Gelassenheit und im Augenblick zu leben ist Glück. Damit wir jeden Zeitpunkt unseres Daseins zufrieden auf unser Leben zurückblicken können.

Ziele und eigene innere Inspirationen verstärken ihre Wirkung, wenn sie lebensdienlich sind. Das heisst, diene einer Sache, die die Lebendigkeit auf diesem Planten unterstützt. Klassische Beispiele hierfür sind: Du bringst andere Menschen in ihre Fülle, Du unternimmst Aktivitäten, um die Wälder zu schützen oder Du setzt Dich für Menschen ein, die Deine Unterstützung benötigen.

Ein besonderes Augenmerk ist auf die Alltagssituationen zu legen. Beispielsweise, indem Du Kindern ein Leben schenkst und sie gross ziehst. Du hast eine Unternehmung und Du machst Dir zum Ziel, dass die Mitarbeiter einen schönen Arbeitsplatz bekommen. Es ist Dir beispielsweise wichtig, dass sich ältere Menschen nicht allein fühlen und Du besuchst sie regelmässig. Es liegt ganz an Dir, was Du machst. Versuche in dem, was Du machst, Deine Stärken und Talente einzusetzen.

Höre nie auf zu träumen. Träume sind Hoffnung und wundervolle Visionen voller glückseliger Momente. Träume sind sehr wichtig, um uns zu verwirklichen. Ein Traum darf Dich auf Deinem Lebensweg begleiten. Er darf Dir Hoffnung und den inneren guten Glauben schenken. Träume bringen Dich dazu, grösser zu werden als die Bedingungen in Deinem Leben. Sie lassen Dich über Dich selbst hinauswachsen.

Vergleiche Dein Leben mit einer Autofahrt. Du hast eine grosse Frontscheibe und zwei kleine Rückspiegel bekommen. Die grosse Frontscheibe dient dazu, dass Du Dich nach vorne konzentrierst, damit Du sehen kannst, wohin Du fährst. Du kannst Dein Ziel verfolgen. Die kleinen Rückspiegel dienen dazu, dass Du immer mal wieder ein wenig zurückschauen kannst. Du kannst sehen, woher Du gekommen bist und welchen weiten Weg Du bereits zurückgelegt hast.

Viele Menschen sind auf der Suche. Sie werden enttäuscht und glauben, nicht zu finden, was sie wirklich brauchen und werden zu Konsumenten unserer Welt. Sie brauchen Liebe, Anerkennung oder Dankbarkeit. Wer hat jemals gesagt, dass wir hier sind, um etwas zu erhalten? Sind wir vielleicht hier, um dieser Welt etwas zu geben?

Die bewusste Wahrnehmung dessen, dass wir dieser Welt etwas schenken dürfen und dieser Welt etwas geben, gibt eine andere Sichtweise. Geben ist ein besonderes Schlüsselwort. Diene der Welt und die Welt wird Dir dienen. Gib anderen Menschen das, was Du selbst am meisten benötigst. Dabei gibt es verschieden Grundaspekte. Als erstes, diene Dir selbst, dann diene anderen. Übertriff die Erwartungen und kreiere Win-win-Situationen. Und als drittes, diene dem Leben. Mach die Welt zu einem besseren Ort. Wenn Du diese Welt verlässt, soll sie in Deinem Wirkfeld besser sein als damals, als Du gekommen bist.

Sei lebensdienlich. Es dient Dir, es dient anderen Menschen und es dient dem Leben selbst.

FINDE HERAUS,

WAS DICH

GLÜCKLICH

MACHT UND

DRÜCKE AUF

REPEAT

MENTALE STÄRKE AUFBAUEN

Die mentale Stärke wird die körperliche Stärke immer besiegen. Der Geist kann wie ein Muskel trainiert werden. Jeder von uns weiss, was körperliches Training ist, nun werden wir das Gleiche für unseren Geist tun. Immer wiederkehrende Übungen, ein langfristiger Trainingseinsatz, sich selbst für Erfolge feiern, genügend Disziplin aufweisen und sich auf das langfristige Ziel konzentrieren. In müden Phasen sich selbst überwinden und sich selbst im Spiegel betrachten. Bin ich zufrieden mit mir? Was kann ich zusätzlich noch unternehmen, um mein Ziel zu erreichen? Bewusste Pausen und Regenerationsphasen erhöhen den Erfolg.

Wer sich selbst kennt und achtsam mit seinen Gefühlen lebt, kann besser eine langfristige und dauerhafte mentale Stärke leben. Wenn man sich seinen Gefühlen gegenüber klar ist, entstehen weniger Turbulenzen und somit kann mentale Stärke gelebt werden. Weil mentale Stärke als ein sehr umfassendes und bei den meisten Menschen ein sehr beliebtes Thema ist, sind hier viele Punkte erwähnt, um eine mentale Stärke dauerhaft aufzubauen. Es werden sich somit gewisse Abschnitte mit den anderen Inhalten im Buch kreuzen. Aber wie wir wissen, ist die ständige Wiederholung ein Schlüssel zum Erfolg.

Ich will – Ich kann – Ich glaube – Ich mache

Was können mental starke Menschen?

Sie sind motiviert

Sie können mit Stress umgehen

Sie bewahren Ruhe

Sie sehen ihr Ziel

Sie sind überzeugt

Sie haben mehr Ausdauer

Sie managen ihr Leben

Sie können sich Lebensveränderungen einfach anpassen

Sie suchen die Herausforderung

Sie können Topleistungen erzielen

Sie können sich Fehler eingestehen oder zulassen

Sie haben das entsprechende Wissen

Sie haben einen starken Willen und Glauben

Sie übernehmen die volle Verantwortung für ihr Leben

Sie vertrauen

Es gibt Lebensumstände, die unser Leben sehr schwierig gestalten. Viele lassen sich in eine Opferrolle fallen und suchen die Schuld im Aussen. Alles andere ist schuld, wie z.b. der Chef, der Partner, die Kinder, das Finanzsystem, die Politik etc. Es mag so sein, doch diese Lebenseinstellung hilft niemandem. Wahre Verantwortung für sich selbst zu übernehmen, ist der wichtigste Schlüssel überhaupt. Was am schnellsten veränderbar ist, ist das Selbst. Also dürfen wir nachdenken und für uns einen Lösungsweg finden, um diese Situationen in unserem Leben zu umgehen oder daraus Profit für unsere Bewusstseinsentwicklung zu erfahren. Die Lösungen helfen uns, wieder einen Schritt näher zu uns selbst zu gelangen.

Atmen

Eine ruhige und gelassene Atmung hilft in Stresssituationen erfolgreiche Entscheidungen treffen zu können und Ruhe nach innen sowie nach aussen zu bewahren. Atemtraining unterstützt, mentale Stärke und Bodenhaftung zu trainieren.

Authentizität

In der Übereinstimmung mit dem wahren Selbst leben.
Die eigene Stärke ist das kraftvollste Mittel, um aus dem
inneren Selbst im Einklang und in der Überzeugung nach
Aussen zu leben.

Disziplin

Der verwirrte und unschlüssige Geist ist unser Feind.
Durch Fokussierung können die eigenen Kräfte zielgerecht
genutzt werden. Der disziplinierte Geist ist ein verlässlicher
Verbündeter. Er ist klar und ruhig.

Einklang

Wenn unser Alltag von Stress und Hektik getrieben wird,
haben wir keine Chance, bei uns selbst zu bleiben. Wir
verfallen viel schneller in die emotionale Ebene und reagieren anstelle zu agieren. Wir vergessen, einen sachlichen
Überblick zu wahren. Der Einklang im Alltag ist unsere
Basis, eine gesunde mentale Brücke zu schaffen und uns
einen Überblick über unser Leben zu wahren. Auf Unvor-
hergesehenes reagieren wir gelassen und ruhig.

Einzigartig sein

Sei jemand Besonderes, nicht weil Du Dich selbst unter
Druck setzen möchtest, sondern weil Du hier etwas
zurücklassen möchtest. Gerne in Deinem eigenen Umfeld
und bei Deinen Mitmenschen. Wenn Du im Kleinen die

Welt veränderst, wird sich die grosse Welt verändern. Im Kleinen ist das Grosse zu finden. Die Energie dieser Erde kannst Du nur an einem Platz dieser Welt verändern – an Deinem.

Frei sein

Um frei zu werden und in die eigene Stärke zu gelangen, ist es wichtig, emotionale Hürden abzubauen und in die eigene Frequenz zu gelangen. Werden wir dominiert von unbewussten Gefühlen oder Verhaltensweisen, ist es für uns schwierig, in eine mentale Stärke zu gelangen. Stell Dir vor, als würde eine Radiofrequenz immer wieder mit Zwischenfrequenzen gestört und die Stimme immer wieder verzerrt werden. Diverse Ängste oder Glaubenssätze halten uns davon ab, in unserer Kraft leben. Es gilt diese Schritt für Schritt zu neutralisieren, um eine klare eigene Stimme zu erhalten, die Selbstbewusstsein und Selbstwert ausstrahlt.

Flow

Stelle Dich Deinen Ängsten, weil Ängste uns am stärksten blockieren. Sie halten uns davon ab, zu uns selbst zu stehen und unsere Ziele zu erreichen. Genug Selbstbewusstsein, Mut und Liebe lassen uns unsere Visionen und Lebensvorstellungen bewusst leben und uns nicht ablenken. So kommen wir in einen unaufhaltbaren Flow, der die positiven und starken Gefühle weckt.

Gedankenmuster

Was wir denken, wird Realität. Es ist es ein bewusstes Training, die negativen Gedanken im Alltag zu erkennen und sie bewusst in positive Gedankenstrukturen zu transformieren. Es liegt an unseren Gedanken, ob wir unser Leben in einen Traum oder in ein Drama verwandeln. Wie das Polaritätsprinzip erklärt, gibt es Licht und Schatten und das Eine könnte ohne das andere nicht existieren. Positive Gedanken sind nicht immer, alles besonders großartig zu finden. Sondern positive Gedanken können auch Blickwinkelveränderungen sein. Sich nicht runterziehen zu lassen, sondern den Sachverhalt anzuerkennen und aus ihm etwas Positives zu konstruieren.

Geduld

Mentale Stärke ist beim Warten gut gelaunt zu bleiben. Wenn nicht immer alles so abläuft wie gewünscht, darf man ruhig bleiben. Manchmal ist der richtige Zeitpunkt noch nicht eingetroffen, um das Gewünschte in das Reale umzuwandeln. Manchmal braucht es mehr Wissen, Reife oder Erfahrung, damit die Situation spielend gemeistert werden kann.

Gefühle

Nicht immer dürfen wir uns von unseren Gefühlen leiten lassen. Dies hört sich im ersten Moment etwas speziell an, weil es doch so wichtig ist, seine Gefühle wahrzunehmen. Das sind sie auch in gewissen Bereichen. Gefühle haben einen sehr hohen Stellenwert. Doch wenn ein Mensch mentale Stärke aufbauen will, dürfen sie nicht in entscheidenden Situationen dominieren. Als Beispiel: Wenn Du nach der Arbeit zu müde bist und Dich nur hinlegen möchtest, sollten Deine Gefühle nicht überhand nehmen. Hier ist mentale Stärke aufzustehen, die Tasche zu packen und trotzdem zum Sport zu gehen. Dies ist ein Beispiel, lässt sich aber auf verschiedene Lebensbereiche übertragen.

Gelassenheit

Manchmal lohnt es sich, das Ego für das Grosse und Ganze zurückzustellen. Wenn Dein Ziel grösser ist als die temporären Tagesentscheidungen, können wir sehr gut unsere eigenen Bedürfnisse für die kollektiven Bedürfnisse reduzieren. Solange Du selbst weisst, dass Deine Vision dadurch nicht gefährdet wird. Wir können den anderen ihren Frieden lassen, wir lächeln dabei und kommen anderen Wünschen gerne entgegen. Das Ziel dahinter ist grösser und wichtiger als das kleine, welches davorsteht.

Glaubenskraft - Glaube an sich selbst

Wer weiss, wer er ist und authentisch ist, geht mit mentaler Stärke in Einklang. Ein Mensch, der lebt was er sein will und weiss in jedem Moment das Bestmöglichste gemacht zu haben, steht zu sich selbst. Er verträgt Kritik, er ist unaufhaltbar, er lässt sich nicht so schnell aus der Ruhe bringen. Er hat vor allem Selbstvertrauen und weiss, dass er sich vertrauen kann. Er kann sich selbst aus jedem Tief herausziehen und in jeder Lebenssituation richtig agieren. Glaube an das, was Du alles erschaffen kannst. Der Glaube kann Berge versetzen.

GZSZ - TV-Serie

Um ein anderes Bild zu visualisieren und in die Fröhlichkeit zu gelangen, gibt es eine Möglichkeit, sich das Leben als „Gute Zeiten, schlechte Zeiten" vorzustellen. Das Leben als eine TV-Serie zu betrachten, wie es GZSZ darstellte. Stell Dir selbst vor, wie es wäre, wenn Du mit einem Kollegen/einer Kollegin auf einer Wolke sitzen würdest und Ihr das Treiben auf dieser Welt begutachtet. Wie Ihr selbst da oben sitzt und über gewisse Szenen lacht oder sie Euch einfach anschaut, ohne sie zu werten.

Hoffnung

Glaube an etwas Grösseres! Der Glaube und die Hoffnung geben uns Halt. Wenn wir uns sicher sind, dass die Sonne jeden Tag untergehen wird und sie morgens wieder aufgeht, haben wir sehr viel Bodenhaftung. Wir wissen, dass wir selbst ein Teil dieser Natur sind und wir auch in uns selbst ein solches System tragen. Wir wissen, dass wir beschützt sind und wir nie allein gelassen werden, wenn wir uns für das Gute in dieser Welt einsetzen.

Innere Mitte - bei sich selbst bleiben

Wie oft kann einem ein einziger Mensch in einer Minute den Tag vermiesen? Und wir sprechen hier nicht von einem Tod oder einem Unfall, sondern nur von einer schlechten Laune eines anderen Menschen. Wer sich selbst kennt, kann besser einschätzen, welche Themen wirklich zu sich selbst gehören und welche Themen den anderen betreffen. Denn oft sind wir selbst nicht die Ursache, sondern nur der Blitzableiter des Frustes des anderen Menschen. Bleibe bei Dir selbst und prüfe, ob das Gesagte wirklich etwas mit Dir selbst zu tun hat.

Inspiration sein - Vorbildfunktion einnehmen

Speziell in einem Umfeld mit nicht gleichgesinnten Personen kann diese Strategie sehr nützlich sein. Anstelle uns provozieren zu lassen, nehmen wir die Situation gelassen und zeigen dem Anderen auf, wie wir uns die Verhaltensweise vorstellen. Was das Gegenüber damit anfängt oder anfangen kann, ist nicht der Teil unseres Vorhabens. Unser Vorhaben ist, dass wir selbst in unserer Kraft bleiben und in unseren Werten leben.

Jetzt - Im Jetzt leben

In der Gegenwart und im Moment zu leben ist Training. Wir dürfen lernen, bewusst im Hier und Jetzt zu leben, weil wir nur im Jetzt unsere Zukunft verändern können. Den Samen, den Du heute pflanzen wirst, ist die Ernte der Zukunft. Esse und geniesse Dein Essen, sei aufmerksam, wenn Dir jemand etwas erklärt, nimm die Menschen auf der Strasse oder dir gegenüber bewusst wahr und Du wirst Situationen schaffen, die wie durch Zufall entstehen. Wenn Du dieses Training erfolgreich absolviert hast, kannst Du Deine völlige Kraft und Energie in die entstehenden Momente bringen. Bei Sportlern ist dieser Aspekt besonders wichtig, um im Jetzt die hundertprozentige Leistung abzurufen.

Klarheit

Konzentriere Dich auf das Wesentliche, auf Deine Ziele und Deine emotionale Gesundheit. Baue alle Gefühle ab, die nicht zu Dir selbst gehören und nur eine scheinbare Sicherheit darstellen. Fokussiere Dich auf Deine Ziele und arbeite Tag für Tag, um sie noch besser erreichen zu können. In einer Welt voller Bilder aus TV, Social Media, Internet oder ähnlichem lassen wir uns sehr schnell ablenken und verwirren. Diese dienen mehrheitlich einem Unterhaltungsprozess und können uns auf die Dauer unglücklich machen. Du selbst bist das Zentrum Deines eigenen Lebens und ich glaube, dies hat sehr viel Aufmerksamkeit verdient.

Komfortzone

In unserer Welt haben wir einen Rahmen, eine Komfortzone, in der wir uns wohl und vor allem sicher fühlen. Wenn wir diese Grenzen bewusst regelmässig sprengen, die Zone verlassen, erlangen wir Wachstum. Diese Erfahrungen stärken den Glauben an uns selbst und wir vertrauen uns immer mehr. Wir vertrauen uns, dass wir alles Kommende mit Leichtigkeit meistern können.

Kritik

Ich mag Kritik. Wenn es etwas mit Dir zu tun hat, dann bedanke Dich höflichst für die Kritik. Der Mensch vis-à-vis möchte Dir helfen, Du bist ihm wichtig und hat deshalb Kritik angebracht. Er mag Dich und möchte Dich verbessern. Es ist für Dich selbst eine Wachstumschance und eine Möglichkeit, besser zu werden.

Lebensbild

Das Leben ist für Dich – und nicht gegen Dich. Auch wenn verschiedene Situationen uns an unsere Grenzen bringen, verstehen wir, dass es das Leben nur gut mit uns meint. Oft verstehen wir das erst Jahre später, wenn unsere Persönlichkeit daran gewachsen ist.

Lebenseinstellung

Und manchmal hilft die „positive es ist mir alles piepegal" - Haltung. Es gibt Situationen im Leben, die einem zur Weissglut bringen können. Doch geben wir diesen Situationen Aufmerksamkeit, verstärken sie sich. Die „positive es ist mir alles piepegal"-Haltung gibt uns Distanz zu gewissen Themen, weil wir sie nicht mehr so ernst nehmen. Dadurch gelingt eine emotionale Befreiung.

Lebensfreude

Menschen mit einer starken Lebensfreude sind mental definitiv viel stärker. Sie können Schwierigkeiten mit Leichtigkeit lösen und sie geben ihnen nicht so viel Gewicht. Wenn eine Tätigkeit besonders viel Lebensfreude erzeugt, ist mentale Stärke vorprogrammiert. In der Freude ist Engagement und Wille miteinbezogen.

Leichtigkeit

Sei ein bisschen verrückt. Verrücktheit und ein Sinn für Humor machen das Leben einfach faszinierend schön und bringen Dich in allen Belangen in eine wunderbare Leichtigkeit. Du distanzierst Dich automatisch von Dingen, die Dir nicht gut tun und widmest mehr Deiner Lebenszeit den Dingen, die Dich mit Glück erfüllen. Du kannst über vieles mit einer Gelassenheit hinwegsehen.

Leistungsfähigkeit

Verbessere Deine geistige oder körperliche Leistungsfähigkeit. Investiere Deine Zeit in Dein eigenes persönliches Wachstum und Du wirst Sinn und die Liebe erkennen. Du wirst einen inneren Stolz gegenüber Deinem Leben entwickeln und Deinen Selbstwert wird erwachen und erblühen. Genauso gilt es, die körperliche Leistungsfähigkeit regelmässig zu trainieren.

Meditation

Meditation hat viele verschiedene positive Aspekte. Auch hier, um eine mentale Stärke aufzubauen, kann sie sehr gut genutzt werden. Sie bringt eine Klarheit, eine besondere innere Ruhe und einen Einklang mit der universellen Kraft. Sie vermittelt das Gute in dieser Welt. In der Meditation erkennen wir. Für Meditationseinsteiger hilft Meditation, um Gedankenkarusselle abzuschalten und in eine tiefe innere Weisheit und Ruhe zu gelangen, loszulassen und zu vertrauen.

Metaebene

Wenn wir unser Problem von Mond her betrachten, sieht es gar nicht mehr so gross aus. Dies beschreibt die Metaebene. Wenn uns etwas quält, dürfen wir einen Schritt zurücktreten. Wenn wir zurücktreten, kommen wir in eine sachlichere Ebene, die uns nicht mehr so emotional berührt. Aus dieser sachlichen Ebene können wir unsere Probleme aus einer anderen Perspektive betrachten und oft ist die Lösungsfindung auf diese Weise einfacher. Weil wir die Thematik viel konstruktiver angehen. Wenn wir noch ein paar Schritte mehr zurückgehen und den Lebenslauf und das Weltgeschehen miteinbeziehen, erkennen wir vielleicht in der Thematik einen höheren Stellenwert, sehen das Problem nochmals aus einer viel distanzierterer Sicht und können vollumfänglichere Entscheidungen treffen.

Probleme

Probleme sind ein Geschenk. Das Wort Problem ist sehr negativ belastet. Wir verstehen es als etwas gegen uns. Doch eigentlich sind Probleme da, damit wir etwas verbessern können. Wir dürfen lernen, „Probleme" zu lieben. Sie sind eine Herausforderung, uns ins Denken oder Handeln zu bringen und Neues entstehen zu lassen.

Realität

Die Medien sind voll mit negativen Geschichten. Es ist wirklich sehr traurig. Aber stelle Dir einmal vor, die Medien würden mehr über die positiven Vorfälle berichten oder aus den Geschehnissen die positiven Veränderungen oder Aspekte hervorheben. Wie würden unsere Nachrichten aussehen? Setze für Dich selbst Filter, was Du daraus sehen möchtest, verstehe mit dem Wissen, welche Nachrichten wichtig für Dich selbst sind und welche Du vielleicht besser aus der Distanz betrachtest. Setze Filter mit Deinem Bewusstsein. Wenn die Umweltverschmutzung Dich sehr traurig macht, kann es Deine grösste innere Motivation sein, Dich für eine ökologische Welt einzusetzen.

Ruhe

Lerne ruhig zu bleiben, weil Ruhe ist entschiedene Stärke. Lassen wir uns nicht provozieren, hat das Gegenüber keine Lust mehr uns zu provozieren. Bleiben wir in einer hektischen Phase ruhig, behalten wir den Überblick, so können wir gute Entscheidungen treffen. In der Ruhe bleiben wir distanzierter und sachlicher und kommen nicht in unkontrollierte und emotionale Reaktionen. Lerne ruhig zu bleiben, nicht alles verdient Deine Reaktion.

Schattenthemen

In den Schmerz eintauchen hört sich provokativ an, ist aber sehr effektiv. Wichtig ist, dass wir uns unseren Schattenthemen stellen und nicht vor ihnen flüchten. Bei der Flucht nimmt der Selbstwert ab. Stellen wir uns und überwinden unsere Grenzen, stärken wir gleichzeitig unseren Selbstwert. Wenn sich Schattenthemen auflösen dürfen, entsteht häufig eine besondere Entfaltung.

Selbstbild

Man darf ein gutes Selbstbild haben, positive Gedankenstrukturen zu sich selbst erzeugen und sich selbst loben. Alles, was einem an sich stört, darf eliminiert oder transformiert werden, damit ein positives Wunsch-Ich entstehen kann. Danach werden positive Selbstgespräche zu einer Selbstverständlichkeit.

Selbstorganisation

Eine gute Selbstorganisation hilft, sich im Lot zu halten und Stresssituationen zu vermeiden. Wer regelmässige Entspannungszeiten einplant, hat wieder genug Energie, um sich zu konzentrieren. Wer seinen Alltag strukturiert, ist produktiver.

Stille

In der Stille und im Rückzug ist es uns möglich, viele Geschehnisse zu verarbeiten. Wenn sie verarbeitet sind, können wir sie wie Bücher schliessen und sie „fressen" uns keine Energie mehr weg. Wir fokussieren uns jetzt auf den Moment und vermögen unsere Kraft in das Kommende fliessen lassen.

Umfeld

Umgib Dich mit Menschen, die Dich bestärken. Wenn Du bei Dir angekommen bist, wird dies sowieso eintreten. Aber zur Bewusstmachung können wir unsere Menschen im Umfeld betrachten und sehen, ob sie eine ähnliche Gedankenstruktur wie wir selbst aufweisen. Oder gibt es mehr Menschen, die uns lieber anders hätten? Entscheidend ist, sein Umfeld weise zu wählen, weil die Spiegelneuronen in unserem Gehirn sehr aktiv sind. Familie ist Familie und bleibt Familie. Doch der Rest des Umfeldes kann gewählt werden. Es nützt sehr viel, sich mit Gleichgesinnten auszutauschen, um die eigenen Bewusstseinsentwicklungsschritte und Erfolge zusammen zu besprechen. Bei der Besprechung hilft man sich gegenseitig durch den Erfahrungsaustausch.

Verabschiedung

Was sind Deine letzten Worte und Gedanken in dieser Welt? Wer möchte ich sein? Welche letzten Worte oder Gedanken sollen Dir am Ende Deines Lebens durch den Kopf gehen? Was wünschst Du Dir selbst? Oft geben diese

Worte eine innere Ruhe und Gelassenheit und beziehen sich auf die wahren Werte dieses Lebens.

Vorbild

Eine gute Idee sich mentale Stärke aufzubauen ist, sich ein Vorbild zu visualisieren. Kein Vorbild, welches wir kopieren, sondern ein Vorbild, welches uns dazu verhilft, gross zu werden. Im Momentum selbst kann man sich gerne in dieses Vorbild hineinfühlen und sehen, wie sich dieses Vorbild in dieser Situation verhalten würde. Oder man darf sich selbst die Frage stellen, welche Person muss ich werden, um zu sein wie dieses Vorbild? Welche Entwicklungsschritte darf ich gehen, um in die Kraft meines Vorbildes zu kommen? Was macht mein Vorbild anders als ich? Was kann ich adaptieren und wo möchte ich selbst anders sein?

Wachstum

Die dunkeln Stunden bringen das grösste Wachstum in unserem Leben. Wir sind introvertiert, hinterfragen und finden Lösungen, die uns in den hellen Stunden des Lebens anerkennt werden. Lernen wir, diese dunklen Stunden mit Liebe anzunehmen und für sie dankbar zu sein, werden wir ihre Kraft schätzen.

Werte

Nach welchen Werten möchtest Du selbst Dein Leben ausrichten? Welche Werte haben für Dich eine besondere Lebenskraft? Äussere, materielle Werte trüben, sie können uns kaum die Erfüllung geben, um ein zufriedenes Leben zu führen. Aus der Erfahrung meiner Arbeit mit verschiedenen Klienten darf ich bestätigen, dass im Einklang mit sich selbst eine wunderbare Freiheit und ein tiefes Selbstvertrauen erlebbar werden.

Wissen

Wissen kann viele Situationen erklärbar machen und hilft uns, nicht in eine Hilflosigkeit zu verfallen. Mit dem Wissen transportieren wir uns viel schneller aus den Tiefs heraus.

Worst Case

Wer vorausschauend denkt und die Worst-Case-Situation kennt, kann viel schneller agieren. Man wüsste bereits, wie im Ernstfall zu handeln ist, weil man die Worst-Case-Situation (den schlimmsten Fall) und den Ausweg daraus bereits geplant hat. Diesen Ernstfall kann gerne mental durchgespielt werden, um sich selbst einen positiven Nutzen daraus zu ziehen. Vielleicht würde man im Ernstfall die Situation als nicht so schlimm betrachten. Dies lässt einem gelassener werden, weil man die Lösungswege, wenn es nicht funktionieren würde, bereits kennt. Diese Worst-Case-Situationen sollen nur als kurze Gedankenspiele dienen, um uns Leichtigkeit zu verschaffen. Danach fokussieren wir wieder die positiven Visualisierungen.

Ziele

Wer Ziele hat weiss genau, wo er hin will und kann einen schlechten Tag spielend überstehen, weil er ihn belächelt und die eigene Vision dabei anschaut. Er ist überzeugt, dass es anders kommen wird und hat einen starken Glauben an sich selbst. Ziele sind wie eine Metaebene zu betrachten, indem man das Grosse und Ganze fixiert und der einzelne Tag dabei nicht massgebend ist. Das Augenmerk liegt auf der Zeitachse, bis das gewünschte Ziel erreicht ist. Zwischenziele helfen den Erfolg überprüfbar zu machen.

UMSO MEHR MAN
IM TRAINING
SCHWITZT, UMSO
WENIGER WIRD
MAN IM
WETTKAMPF
VERLETZT.

EFFEKTIVE NEUAUSRICHTUNGEN KREIEREN

Unser Bewusstsein kann verschiedene Aspekte unseres Lebens wahrnehmen und verarbeiten. Es gibt Schutzfunktionen, welche uns helfen, die Tiefe zu schützen. Doch konnten wir das nicht immer. In den Kinderjahren haben wir uns teilweise prägende Verhaltensmuster angeeignet, welche wir heute nicht mehr brauchen würden, diese jedoch noch tief in uns stecken. Kinder können sich durch diese Verhaltensmuster sehr gut schützen, damit sie gut (über-) leben können.

Heute im Erwachsenenalter haben wir mehr Möglichkeiten und mehr Verständnis und müssten uns grundsätzlich nicht mehr so verhalten. Darum sprechen diverse Lehren immer wieder davon, das innere Kind zu heilen. Oft sind es Gefühle, die verändert werden dürfen. Es ist keine Schuldzuweisung an Eltern, sondern es soll einfach dazu dienen, heute im Leben sich selbst zu sein, ohne diese antrainierten Muster. Ja, es können Tränen fliessen, aber Tränen der Heilung und der Erlösung. Es handelt sich um eine sehr sanfte und liebevolle Art, welche dem heutigen Leben dient, um in der vollen Lebenskraft zu leben.

Begegnet Dir regelmässig die gleiche Situation im Leben, kann es ein Zeichen sein, dass Du die Geschichte mit Dir selbst anschauen darfst. Die Initialprägung ist sehr wichtig, also die erste Gegebenheit in Deinem Leben, in der das Muster auftauchte. Wenn diese Initialprägung Heilung erfährt, wird sie Dir zu einer sehr grossen Wahrscheinlichkeit in der Zukunft fernbleiben.

Während meiner Arbeit habe ich Phänomene erlebt, bei denen gewisse Emotionen vorgeburtlich eingetroffen sind. Es gab Fälle, bei denen es noch weiter zurückging. So als würden die Personen diese Verletzungen aus einem früheren Leben mittragen. Sie waren jedoch selten. Vielleicht ist die richtige Definition dessen eine andere, doch einfachheitshalber spreche ich hier von einem früheren Leben. Das Unterbewusstsein wird uns an die Stelle führen, die für die Person entscheidend ist.

Das Bewusstsein kann diese Vorgänge nicht sehen. Ein traumatisches Erlebnis kann zusammen mit unguten Gefühlen ins Unterbewusstsein gelangen. So wie sich unliebsamen Informationen im Unterbewusstsein verankern, können auch positive Informationen, sogenannte Suggestionen im Unterbewusstsein platziert werden, um das Verhalten und den Inhalt zu verändern.

Wenn Inhalte aus dem Unterbewusstsein ins Bewusstsein gerufen werden, können sie im Bewusstsein aktiv verändert werden. Wenn wir verstehen, was wir tun, können wir etwas verändern. Manchmal braucht es ein wenig Training. So als ob Du eine neue Sprache lernen würdest. Es gibt Tage, da sprichst Du fliessend und es gibt besonders am Anfang Tage, wo Du wieder zurückfällst. Es gibt Worte, die hörst Du einmal und Du weisst sie ein Leben lang. Es gibt Worte, die Du immer wieder repetieren darfst, bis sie sitzen und Du Dich beim Sprechen nicht mehr konzentrieren musst, sondern Du automatisch sprichst. Zu einem späteren Zeitpunkt träumst Du in der Fremdsprache. Genauso funktioniert auch der Aufbau Deiner Bewusstseinsentwicklung.

Was Du selbst machen kannst, ist eine positiv gestimmte Reflexion dessen, wer Du bist und wie Du Dich verhältst. Überprüfe Deine Gefühle, welches Gefühl fühlst Du in einer verletzenden Situation? Hege eine Achtsamkeit mit den Gefühlen und den Verhaltensmustern. Denn Gefühle steuern unser Verhalten. Was würdest Du gerne ändern oder wie würdest Du Dich gerne fühlen? Wie könntest Du das selbst verändern? Wo nimmst Du gerne Hilfe an? Manchmal ist es eine Hürde mit sich selbst zu arbeiten, weil wir zu stark im Denken hängenbleiben.

Doch viele Situationen können selbst verändert werden. Nimm Dir z.B. Dein Zukunfts-ICH, die Person, die das hat, was Du gerne möchtest. Und jetzt schaust Du dieser Person, diesem Vorbild zu, wie es die Situation bewältigt, wie sie sich in dieser Situation verhält und Du übernimmst dieses Verhalten für Dich selbst.

Viele sprechen vom positiven Denken, aber ich weiss, dass das manchmal einfacher gesagt als getan ist. Aus meiner Sicht ist positives Denken allein nicht vollumfänglich wirksam. Ich gehe davon aus, wenn wir die Gefühle in uns verändern und die negativen Gefühle durch positive ersetzen, dann wird positives Denken zum Automatismus. Positives Denken kann sein, wenn Du eine Situation aus verschiedenen Blickwinkeln betrachtest und für Dich die Perspektive nimmst, die für Dich selbst am meisten Sinn ergibt. Wenn Du in jedem negativen Aspekt auch einen positiven erkennst.

Wenn Du möchtest, dass sich etwas in Deinem Leben ändert, so verändere zuerst das Gefühl und danach ändert sich die Situation. Oft wünschen wir uns, dass sich etwas ändert und dann können wir uns auch anders fühlen. Als Beispiel, wenn ich einen Partner gefunden habe, dann bin ich glücklich. Leider wirst Du mit grösster Wahrscheinlichkeit damit Schwierigkeiten haben, weil Du so Unglücklichsein ausstrahlst und lebst. Also mach Dich zuerst glücklich, dann ändert sich die Lebenssituation. Denn das Sein kommt vor dem Haben. Du darfst im Grundsatz zuerst etwas werden, bevor Du etwas hast. Viele denken sich, wenn ich eine bestimmte Sache habe, dann bin ich anders. Und das Leben spielt umgekehrt. Wir dürfen zuerst SEIN und im Anschluss folgt das HABEN.

Ein anderes Beispiel dafür ist, wenn ich Kinder habe, kann ich endlich diesen Job aufgeben, der mich sowieso nur noch stresst. Unter diesem Stress fühlt sich der Körper nicht wohl. Mach Dich frei, sei glücklich, dann geben wir der Situation die Möglichkeit, sich zu verändern. Es gibt noch viele weitere Beispiele dafür. Wie können wir unabhängig von Abhängigkeit werden? Wenn wir die Gefühle nicht mehr im Aussen suchen, sondern wir selbst in der Fülle leben. In uns selbst alles finden, was wir benötigen. Eine Selbstverantwortung wahrnehmen und unsere äussere Unzufriedenheit in uns selbst finden.

Wenn Du weisst, wo Du hin möchtest, fällt Dir der Weg dahin einfacher. Egal, ob es Lebensziele oder Persönlichkeitsziele sind. Arbeite jeden Tag daran, besser als gestern zu sein, aktiv auf dem Weg zu sein und vergleiche Dich niemals mit anderen. Vergleiche Dich nur mit Dir selbst. Du hast keine Ahnung davon, welches Leben der andere hat. Sich mit anderen zu vergleichen, macht unglücklich. Egal, ob sie aus Deiner Sicht besser oder schlechter sind, es spielt keine Rolle in diesem Spiel des Lebens. Das Spiel habe ich hier bewusst gewählt, um den Übergang gleich fliessend zu gestalten. Nimm Dich und das Leben selbst nicht zu ernst. Wir dürfen das Leben spielend gestalten. Wie schön ist es, zu lachen, über sich selbst und miteinander.

Viele haben Persönlichkeitsentwicklung verstanden und kommen in einen neuen Kampf. Ein Kampf mit sich selbst, ein Gefühl, noch nicht gut genug zu sein. Immer besser werden zu müssen. Nein, Du bist, genauso wie Du bist, zum heutigen Zeitpunkt bereits perfekt. Du darfst Dir aber Ziele setzen, wie Du in der Zukunft noch leichter und gelassener leben kannst. Lebe im Jetzt, denn gestern ist vorbei und morgen ist vom heute abhängig. Wir gestalten unsere Zukunft im gegenwärtigen Augenblick. Was Du heute tust, hat eine Auswirkung auf das, was kommt. Verschleudere Deine Energie nicht, sondern setze sie in das Jetzt. Damit Du vollkommen und zu Deinem Besten am aktiven Prozess, der jetzt gerade stattfindet, teilnimmst. Geniesse den Moment, den Du jetzt gerade erlebst. Lerne mehr Glücksmomente zu geniessen, das Schöne zu wertschätzen und den Fokus Deines Lebens in das Schöne und Gute zu setzen.

Die grössten Geschenke, die Du übergeben kannst, sind Mitgefühl, Grossherzigkeit, Liebe, Wohlwollen und Güte. Schenke diese kostenlosen, aber sehr kostbaren Schätze anderen Menschen und Du wirst selbst dafür beschenkt. Kurz gesagt, es macht am Schluss Dich glücklich, wenn Du diese Geschenke verteilst. Wer grosszügig und tolerant ist, nimmt am Leben teil. Viele überarbeitete Menschen geben so viel und bekommen so wenig zurück, ich weiss es. Wir gehen davon aus, dass Du ein gutes Herz hast, voller Energie, voller Fülle und ein Herz, das weiss, wo es «nein/stopp» sagen muss, um sich selbst zu schützen und weiss, wo es mit voller Hingabe und Liebe geben kann.

Genauso werden Dich Einfachheit und Bescheidenheit schlicht glücklich machen. Wenn Du frei von Erwartungen bist, kannst Du nur beschenkt oder überrascht werden. In der Einfachheit und Bescheidenheit hast Du vielleicht weniger Besitz, um den Du Dich kümmern musst, der Deine Zeit frisst, oder der Deine Gedanken auf Trab hält. Der Rucksackreisende wird dieses Glück kennen. Wer Bescheidenheit leben kann, kann auch mit mehr umgehen. Einfachheit ist eine Kunst, sich aus dem komplizierten Alltag zu befreien, der daran hindert, am wirklichen Leben teilzunehmen. Die Bescheidenheit führt den Menschen am schnellsten zurück zum Leben selbst.

Stelle Dir folgende Frage: Was wäre, wenn wir Lebenskrisen nur als Wahrnehmungskrisen betrachten würden und alles nur eine Frage des Mindsets wäre? Wenn wir nur den Blickwinkel anders setzen müssten? Dann liegt alles in der vollen Selbstverantwortung. Jedoch lasse ich Dich hier gerne Deine eigenen Gedankenrunden ziehen.

Bist du bereit für die Veränderung Deines Lebens?

Viele von uns konzentrieren sich auf die Probleme, die sie gerne ändern würden. Sie konzentrieren sich auf die Rechnungen, die Angst verlassen zu werden, die Eifersucht, die fehlende Motivation am Arbeitsplatz oder ähnliches. Wir strahlen einen Mangel und ein Unerfülltsein aus. Wir geben alle unsere Energie den Problemen und geraten selbst in eine Negativspirale. Wir haben keine Energie für die positive Wende. Beginnen wir die Energie auf die positiven Ereignisse in unserem Leben zu fokussieren, erlangen wir ein Gefühl oder eine Energie der Erfüllung und der Dankbarkeit. Besonders bei Vollmond sind die Energien sehr hoch und alles, was wir uns wünschen oder wir unsere bewusste Dankbarkeit zeigen, bringt eine höhere Gegenschwingung mit sich. Es lohnt sich, an diesem Tag eine bewusste Pause in der Dankbarkeit und Wertschätzung für sein eigenes Leben einzulegen.

Wenn wir uns auf Dinge fokussieren, für die wir dankbar sind, bringen wir uns in einen positiven Mood und zeigen, dass wir die Lebensumstände sehr schätzen. In der Dankbarkeit liegt eine Magie. Sie bringt uns sehr oft von einer melancholischen Stimmung in eine Leichtigkeit. Sprechen wir bewusst Dankbarkeit gegenüber anderen Menschen aus, zeigt dies eine enorme Wertschätzung und wir bringen freundschaftliche Beziehungen in einen Aufschwung.

Der stetige und feste Glauben einer Veränderung und das dementsprechende Handeln kann wirken. Überzeugungen haben ein riesiges Machtpotenzial. Überzeugungen sind wirksam, wenn sie von unserem Geist und unserem Herzen als wahr anerkannt werden. Der Ausdruck unserer Überzeugungen im Herzen ist noch um ein wesentliches stärker. Unser Unterbewusstsein kann kaum zwischen Wirklichkeit und einer gedanklichen und bildhaften Vorstellung unterscheiden. Das Unterbewusstsein hat einen viel stärkeren Effekt auf unser tägliches Leben. Die Regel lautet, dass wir zu dem werden dürfen, was wir in der Welt erfahren wollen. Glaube an das, was noch nicht ist, damit es werden kann.

Die Aufgabe besteht darin, die eigene Welt zu entdecken und sich ihr von ganzem Herzen hinzugeben. Unser Herz wirkt noch viel stärker als unser Gehirn. Es wird vermutet, dass unser Herz noch mehr an unser Gehirn sendet als in der umgekehrten Reihenfolge. Somit sind unterbewusste Mechanismen noch stärker wirksam und werden immer mehr erklärbar.

Bewusstseinsentwicklung ist die nachhaltigste Investition in sich selbst. Stell Dir selbst vor, wie Du, befreit von Ängsten und Sorgen, voller Selbstvertrauen und voller Selbstliebe, Dich jeder Lebenssituation anpassen kannst. Es ist nicht entscheidend, was im Äusseren passiert. Entscheidend sind Deine Fähigkeiten und Deine Charaktereigenschaften.

Durch Bewusstseinsentwicklung ist der Mensch fähig zu agieren. Es wird eine einfachere Kommunikation in jeder Lebenslage möglich sein. Man ist sich seines Selbst bewusst und übernimmt die Verantwortung für sein Leben. Durch die Eigenverantwortung bleibt man in der eigenen Kraft. Dieses magische Bewusstsein fördert die Kreativität, die Produktivität und das Selbstvertrauen. Dadurch wird eine Eigendynamik möglich und man löst sich von der Masse und dem Durchschnitt ab.

Das Leben wird mehrheitlich Menschen unterstützen, die genug Entschlossenheit, Geduld, Disziplin, Ausdauer und Willen haben. Die Menschen, die mit Hingabe und Liebe zu dieser Welt ihre Eigenheit in ihr Tun einbringen.

Du bist es wert, das Leben in seinem ganzen Umfang kennenzulernen und zu erfahren. Du bist es Dir wert, Deine eigene Persönlichkeit in diese Welt einzubringen. Weil Du dem Leben selbst einen Sinn gibst und weil es Spass macht, über sich selbst hinauszuwachsen und sich selbst grosszumachen.

Es ist die Erfahrung, es ist der Stolz, das Selbstvertrauen, die Gewissheit, die innere Ruhe, die innere Sicherheit und die Weisheit, die Dir zukommen werden. Und genau dafür lohnt es sich. Entscheidend ist nicht, was ich bekomme, entscheidend ist, was ich werde. Und eines der besten Gefühle ist, wenn Du Dinge erreichst, die Du nie von Dir selbst erwartet hättest.

Unsere innere Welt ist die Realität – die äussere Welt ist die Scheinwelt. Diese Aussage ist speziell. Doch lässt sie uns die Sichtweise verändern und gewisse Gesetzmässigkeiten erklären. Alles ist nur da, weil wir es sehen, weil wir es bewusst wahrnehmen. Die äussere Welt widerspiegelt uns unser Innenleben.

Im Kleinen widerspiegelt sich das Grosse. In der Natur finden wir in den kleinsten Teilen und Gesetzmässigkeiten dasselbe, wie sie im Grossen vorhanden sind. Somit ist es uns möglich, die kleine Materie zu studieren, um die Grosse zu verstehen.

Uns selbst zu finden ist ein einzigartiges Thema, welches uns Menschen sehr beschäftigt. Doch was wollen wir eigentlich genau finden? Wir sind ja bereits da.

Ein weiser Mensch schrieb: *„Wir müssen uns nicht finden, wir müssen uns nur an uns selbst erinnern."* In verschiedenen Teilen unserer Lernprozesse erkennen wir dies stets wieder. Meine Gesangslehrerin meinte beispielsweise: *„Die Kunst des Singens besteht nicht darin, viel zu tun, sondern vieles wegzulassen."*

In dieser Welt ist alles vorhanden, wir müssen es nur sehen. Doch wenn zu viele Büsche und altes Sperrholz uns die Sicht verdeckt, können wir das, was wir sehen könnten, nicht sehen.

Das Zauberwort heisst innere Ruhe. Erlangen wir eine innere Ruhe, haben wir alles. Die innere Ruhe ist wie der Nährboden für eine Pflanze. Die Pflanze wächst aus einem guten Boden mit genügend Sonnenlicht von selbst. Wir brauchen sie nicht zu motivieren oder ihr Wachstum mit Druck zu beschleunigen.

Eine Klientin suchte mich auf, sie fühlte sich benommen, hatte Schwindel, Muskel- und Nackenverspannungen. Sie wusste, dass das Leben schön wäre und sie gerne energievoll das Leben geniessen möchte. Sie wollte wieder die positiven Gedanken leben. In der Hypnose fiel ihr auf, dass sie eine gebückte Haltung hatte und sich selbst bemitleidete. Sie sah, dass sie sich bewegen musste, damit sie erwacht und die Muskelanspannungen verschwinden. Sie sah, dass sie den Schritt machen durfte, um sich selbst zu helfen. Sie erinnerte sich an einen Hai, dessen Eigenschaften sie selbst annehmen durfte. Ein wunderschönes Tier, selten und unberechenbar. So sah sie sich selbst wieder lachen und gross werden.

Sie erkannte selbst, dass sie wieder mutiger sein darf, Entscheidungen treffen soll und gewisse Zelte abbrechen darf. Es war für sie befreiend und beängstigend zugleich, aber die Befreiung überwog. Sie durfte sich selbst zurück in das Leben bringen. Das Leben in seiner Faszination und Spannung wieder erleben. Der Hai war der Anker (ein gefühlsbezogener Schlüsselreiz), der sie auch in Zukunft immer wieder in dieses wunderbare Gefühl versetzt. Dieser Anker kann sie in jeder Lebenssituation anwenden. Wenn sie sich an das Bild erinnert, kehrt sie vollumfänglich in dieses Gefühl zurück, bis sie schlussendlich der Anker, der Hai selbst ist. Es war ein Weckruf des Körpers, sie brauchte frische Luft für kreative und neue Gedanken.

Ein anderer Klient sagte mir, er stehe sich wahrscheinlich selbst im Weg. Er ist selbstständig und vieles erscheint ihm sehr mühsam. Er habe Mühe, konstant aktiv zu sein. Es sei ihm zu viel, er sei gestresst, er sei blockiert und möchte gerne unbelastet sein, dieses frische Gefühl spüren und voller Elan sein. In der Hypnose hat er etwas sehr Wichtiges für sich erkannt. Er muss nicht alles machen, nur die Sachen, die sich richtig anfühlen. So kommt er selbst wieder in die Entspannung und in die Freude. Und sein eigenes Selbstbewusstsein bekommt eine andere Dimension. Bei ihm haben wir mit einer sogenannten Affektbrücke gearbeitet und haben Erlebnisse, die in diesem Zusammenhang stehen, angesehen. In der Berufslehre und danach in einem Angestelltenverhältnis hatte er bereits dieses Gefühl. Er hat sich selbst die Schwere in diesen beiden Erlebnissen mit seinen eigenen Ressourcen genommen und sie in eine leichte und zufriedene Situation transformiert. Heute arbeitet er gelassen und wenn eine E-Mail eintrifft, reagiert er neutral oder mit Freude.

Der Blick in die Vergangenheit ist besonders wichtig, um verletzenden Erlebnissen Heilung zu schenken. Doch sehe ich immer mehr, dass wir nicht alles auf die Vergangenheit lenken dürfen. Wir dürfen unseren Fokus dahin richten, wer wir sein wollen und welche Gefühle wir ab heute und in der Zukunft leben. Ein Blick nach hinten hilft zu verstehen. Wir können dem Vergangenen Heilung schenken und definitiv loslassen. Es ist, wie es war. In der Zukunft und im gegenwärtigen Augenblick stecken unsere Möglichkeiten, die Kreation unseres erfüllten Lebens. Richten wir unsere Energie auf das Kommende. Das Gelernte aus der Vergangenheit nutzen wir als Kraft für die Zukunft.

Ich lebe heute meinen Wunschzustand. Ich definiere meine Werte und lebe nach ihnen. Ich mache mehr von dem, was mich glücklich macht. Ich sammle Glücksmomente. Ich bin meinem Wunschzustand jeden Tag ein Stück näher. Ich lebe jeden Tag in einem wunderbaren Flow und in der Leichtigkeit des Seins. Ich begegne meinen Mitmenschen mit einem Lächeln und kann gelassen und entspannt durch den Tag gehen. Ich bin dankbar, für das was ist und sein wird. **Wenn ich Veränderung möchte,** beginne ich bei mir.

Der Zweck des Lernens ist nicht das Wissen, sondern das Handeln.

Folge Deiner Freude und Deiner inneren Stimme.

Die goldene Mitte zwischen Kopf und Bauchgefühl ist Dein Herz.

Folge Deinem Herzen und Deinem Gefühl, auch wenn wir manchmal nicht verstehen, warum genau das Gefühlte das Richtige sein soll.

Echte Entscheidungen bedeuten Sicherheit aufzugeben.

Oft sind die besten Entscheidungen die verrückten Ideen.

Altes loslassen – es kostet nur viel Energie, die Du für die Zukunft brauchst.

Nur im Jetzt kannst Du etwas für Deine Zukunft tun.

Disziplin ist die Perle des Erfolgreichen.

Misserfolge machen Dich wach und stärker.

Neid muss man sich erarbeiten, Mitleid wird einem geschenkt.

Probleme werden zu Herausforderungen.

Druck wird zu einer Antriebsenergie auf höchster Stufe.

Angst wird zum grössten Entwicklungspotenzial.

Selbstzweifel werden zur spannendsten Sache - zum Weg der Selbsterkenntnis.

Unbekanntes wird zur Neugier.

Unsicherheit wird dazu genutzt, die Komfortzone zu verlassen und Selbstsicherheit aufzubauen.

Andere zu beurteilen macht keinen Sinn mehr, die Energie wird für sich selbst benötigt.

Wer nach aussen schaut, träumt, wer nach innen schaut, erwacht.

MACHE DEN
MENSCHEN
GLÜCKLICH, DEN
DU TAGTÄGLICH
IM SPIEGEL
TRIFFST.
SORGE DICH
DARUM, DASS ER
DICH
ANSTRAHLT.

SELBSTWERTSCHÄTZUNG

Wenn ich Dir sagen würde, Du sollst alles aufzählen, was Du liebst, ….

… wie lange würde es dauern, bis Du Dich selbst nennst?

Selbstwertschätzung hilft, um glücklich zu sein. Nur wir können uns unser langfristiges Glück erschaffen. Wir tragen in uns die Kraft zu strahlen. Dazu brauchen wir keinen anderen Menschen.

Auch ein elfjähriges Mädchen, welches mich aufsuchte, hat dies für sich erkannt. Manchmal finde ich es besonders erstaunlich, wie Kinder und Jugendliche schnell zu den effektiven Inhalten ihres Lebens finden. Sie haben noch nicht so viele Ansichten und Meinungen und erkennen viel schneller für sich selbst den Weg. Zusammen mit dieser hübschen, jungen Dame habe ich ihr eigenes Wirken analysiert. Sie wurde mit ihren eigenen Themen konfrontiert und hat für sich diesen Schlüssel erarbeitet, dass nur sie selbst ihr Wohlbefinden erschaffen kann. Es unterstützt sie natürlich, wenn sie spürt, dass andere Menschen hinter ihr stehen. Doch ihr eigenes Glück begründet sie allein.

Eine besonders tolle Veranschaulichung kann mit der Spiegelarbeit erreicht werden. Was denke ich selbst über die Person, die ich im Spiegel sehe? Können wir das Gedachte und die Gefühle über die Person im Spiegel verändern? Denken wir vielleicht an das zurück, was wir bereits geschafft haben? Oder denken wir an das, was uns alles noch fehlt oder noch nicht gut genug ist? Wie viele Menschen verurteilen ihr eigenes Spiegelbild? Im Besonderen wird das Aussehen und der Körper verurteilt. Dürfen wir nicht vermehrt beginnen, lieb zu uns selbst zu sein? Lieb zu dem Menschen, den wir tagtäglich treffen. Warum uns selbst nicht verzeihen? Was hält uns davon ab, die Selbstvorwürfe abzulegen? Schliesslich dürfen wir eines: LEBEN.

Und das Leben beginnt, wenn wir es spüren. Dazu gehören schöne Momente und genauso Fehler. Wir dürfen aus unseren Fehlern lernen und ehrlich zu ihnen stehen. Wir dürfen uns vor den Spiegel hinstellen und uns selbst loben, uns Komplimente machen uns selbst schön finden. Schöne Worte kommen immer an und wir dürfen sie an uns richten. Unseren Körper ehren, dass er so gut arbeitet und dass wir so dankbar sind, dass er uns Gesundheit oder Genesung schenkt.

Der Schlüssel ist, wenn wir uns selbst lieben und ehren, werden wir auch von anderen Menschen geschätzt und geliebt. Lies diesen Satz nochmals, weil er so besonders wichtig ist.

Wenn wir uns verändern möchten und es manchmal einfach nicht gelingen mag, kann der Weg sein, uns so zu akzeptieren, wie wir selbst sind. Spannend, dass dies kontrovers ist. Wenn wir etwas verurteilen und an uns selbst ablehnen, sind wir im stetigen Widerstand mit einer Sache. Das heisst, es ist eine komplette Ablehnung und ein Konflikt in sich selbst. Beginnen wir den Ist-Zustand zu akzeptieren und uns eine gewisse Sache einzugestehen, ändert sich die Situation. Es entsteht eine Ruhe und eine Annahme. Aus dieser Ruhe heraus ist der Erfolgsfaktor der Veränderung viel grösser.

Beispielsweise haben wir eine Ablehnung gegen eine innere, tief gefühlte Angst. Wenn sie nun abgelehnt wird, kann sie stärker werden. Die Angst möchte vielleicht etwas aufzeigen. Also lehnen wir sie nicht weiter ab, sondern setzen uns hin und schauen dieser Angst wohlwollend in die Augen. Somit akzeptieren wir diesen Zustand, dass er da sein darf und wir mit dem Thema selbst in die Veränderung gehen dürfen. Wir nehmen in diesem Beispiel die Angst an der Hand und gehen gemeinsam den weiteren Schritt. Diese Schritte sind sehr oft Lebensveränderungen und gerne dürfen wir uns hier die Zeit nehmen, lieber langfristige und langanhaltende Veränderungen herbeizurufen, als uns kurzfristig zu stark unter Druck zu setzen, weil wir das Thema so schnell wie möglich eliminieren möchten.

Ersetze in Deinem Alltag die Worte „ich muss" in ein „ich darf". Ich darf arbeiten gehen, ich darf meine Mutter pflegen, ich darf abwaschen. Weil schlussendlich hast Du Dich selbst für dies entschieden. Wenn Du diese Worte ersetzt, erkennst Du viel schneller, was Du eigentlich noch willst und was Du nicht mehr willst. Was Dir gut tut oder eben nicht und für welche Sachen Du eigentlich besonders dankbar bist, sie aber in Deinem Alltag gar nicht mehr erkennen kannst.

Und ja, ich höre hier immer wieder den Einspruch der Menschen. Aber „ich muss" ja arbeiten, um alle Rechnungen zu bezahlen. Bist Du Dir wirklich sicher, dass Du hier nicht auch die Wahl hast? Du hast Dich entschieden, in diesem Land zu wohnen, Du hast Dich dafür entschieden, eine Wohnung zu haben. Meinst Du nicht, es ist lohnenswert für diese Privilegien zu arbeiten? Alles eine Frage des Mindsets. Du hast im Prinzip die Möglichkeit auszubrechen und irgendwo in der Welt in anderen Verhältnissen zu leben. Es ist Deine Wahl.

Es ist ein besonderes Geschenk, „anders" zu sein. Und jeder von uns hat dieses Geschenk erhalten. Jeder von uns ist individuell. Auch wenn es für Dich manchmal als Nachteil erscheinen mag, „anders" zu sein, nicht in diese Welt zu passen, mag genau dieser Ursprung Dein persönliches Glück darstellen. Ehre und schätze, was Du selbst bist. Manchmal möchten wir uns lieber wieder in die einfache Welt integrieren, weil dieses Anderssein sehr anstrengend sein kann und man sich nicht verstanden fühlt. Aber wärst

Du glücklich, wenn Du nicht diesen „anderen Teil" in Dir hättest? Vielleicht lieben wir besonders dieses Phänomen, weil wir sind, wie wir sind. Für alle hochsensiblen oder sensitiven Menschen, ich kann Euch gerne mitteilen, dass sich immer mehr Menschen so fühlen. Und ich sehe in dieser Sensibilität und Andersartigkeit einen sehr positiven Wandel der Zeit.

„Wer nicht in die Welt zu passen scheint, der ist immer nahe dran, sich selbst zu finden." Hermann Hesse

Der eigene Selbstwert erhöht sich, wenn wir das leben, was uns begeistert. Wenn wir bei uns selbst sind, in unserer Leidenschaft, in unserer Passion, in unserem Wertesystem und wir sind, wie wir sind. Du bist eine wunderschöne Seele. Beeindrucke nicht andere, beeindrucke Dich selbst. Entscheidend ist, was wir über uns selbst denken. Es wird unmöglich sein, allen gefallen zu können. Müssten wir jedem gefallen, wären wir wohl ein Glas Nutella geworden.

Glaube an Dich selbst, glaube an das, was in Dir ist. Glaube daran, dass Du stärker bist als Du denkst. Die Zweifel bringen uns in eine Verzweiflung und eine Unsicherheit gegenüber uns selbst. Zweifel sind berechtigt und dienen der richtigen Abwägung einer Sache. Wenn sie überwiegen, erniedrigen wir uns oft selbst. Wir fallen in ein Loch und zweifeln noch mehr. Was wäre, wenn wir anstatt unserer Träume lieber unsere Zweifel aufgeben würden?

Schlussendlich werden wir alle von der Hoffnung getragen. Die Hoffnung und der Glaube an das Gute, den wir alle in uns haben. Die Hoffnung ist ein wunderbarer Funke, der Wunder wahr werden lässt und uns mit Glück und Freude überrascht. Wenn alle Wege geschlossen erscheinen, bleibt als letztes die Hoffnung und der Glaube. Also sind sie irgendwie unsere tiefsten Werte und unsere tiefste innere Kraft. So haben wir die Möglichkeit, diese inneren Funken noch stärker für uns selbst zu verwenden – nicht nur dann, wenn die Situationen aussichtslos erscheinen.

Illustration: Selbstwertschätzung, umarme Dich selbst herzlichst

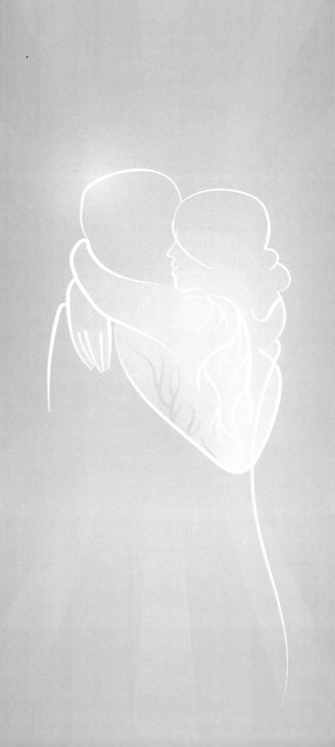

WUSSTEST DU,

DASS ES FÜR EINEN

SCHMETTERLING

UNMÖGLICH IST,

SEINE EIGENEN

FLÜGEL ZU SEHEN?

SIE KÖNNEN NICHT

SEHEN, WIE SCHÖN

SIE SIND, ABER

JEDER ANDERE

SIEHT ES. BEI UNS

MENSCHEN IST ES

MANCHMAL

GENAUSO

LEBENSROUTINEN

Unsere Routinen, Gewohnheiten und Rituale erschaffen unseren Alltag und einen nennenswerten Teil unserer Lebenszeit. Darum schaffe Dir positive Rituale, die Du tagtäglich wiederholst. Diese Gewohnheiten laufen nicht mehr bewusst ab, Du denkst nicht darüber nach, ob Du sie machen sollst. Sie laufen automatisiert ab. Deshalb ist es eine Herausforderung, Routinen zu ändern. Weniger ist manchmal mehr. Lieber eine leichte, dafür konstante Veränderung hilft langfristig. Durch dieses automatische neue Programm läuft der Alltag mit viel mehr Leichtigkeit ab und Du kannst Dich anderen Interessen widmen.

Gewohnheiten prägen sich manchmal gewollt und manchmal ungewollt in unseren Lebensalltag ein. Es sind geliebte oder ungeliebte Routinen, welche wir tagtäglich wiederholen. Es sind Taten, bei denen wir den bewussten Verstand nicht mehr einsetzen, sondern wir sie einfach tun. Du könntest kaum mehr schlafen, ohne die Zähne zuvor zu reinigen. Gewohnheiten vereinfachen im positiven Sinne unseren Alltag.

Diese Gewohnheiten kannst Du nutzen, um Deinen unbewussten Alltag zu steuern. Am besten rüttelst Du nicht alles auf einmal durcheinander. Die beste Möglichkeit ist jeden Monat des Jahres eine neue Gewohnheit einzuführen. So hast Du Dir jedes Jahr gemütlich und doch effektiv zwölf neue Routinen angeeignet. Es hört sich anfangs nach wenig an. Doch bedenke, manchmal überschätzen wir uns, was wir an einem Tag des Lebens erreichen können, aber unterschätzen, was wir in zehn Jahren erreichen können.

Welche Gewohnheiten können Dir ein glückliches Leben erschaffen? Was macht Dich glücklich? In welchen Bereichen Deines Lebens hast Du womöglich zu wenig Zeit? Was kannst Du tun, um Deiner Freude mehr Zeit zu geben? Deinem Umfeld? Damit Du endlich Zeit dafür hast, das zu tun, was Dich erfüllt? Könntest Du etwas durch etwas anderes tauschen? Nimmst Du vielleicht endlich die Hilfe an, die Dir angeboten wird? Könntest Du Dein Zeitmanagement zu Deinen Gunsten verändern?

Neue Routinen können auch im Denken geschaffen werden. Was ist mein primäres Ziel. Wir nehmen an, Dein primäres Ziel ist glücklich zu sein. Dann entscheide Dich einmal mehr dafür, das zu tun, was Dir Freude bereitet. Versuche jeden Tag etwas zu tun, was Dich zum Lächeln bringt. Dann ist es ein erfolgreicher Tag.

Erschaffe auch Gewohnheiten für Deinen Körper. Wie befreiend kann Joggen im Wald sein. Wie vital kannst Du Dich fühlen, wenn Du regionale und geschmackvolle Lebensmittel beim Hofladen kaufen kannst? Welch schönes Gefühl, wenn Du im regionalen Gebiet einkaufst, Du Bekannte triffst und ein kleiner Smalltalk entsteht? Dich bewusst mit Deinem Nachbar unterhältst? Wie schön, wenn Du zu Deinem persönlichen Berater in der Nähe gehen kannst und weil er Dich kennt, sein Bestes gibt? Dir die beste Lösung vorschlägt? Dieses Bewusstsein für die «kleinen» Dinge im Alltag muss und darf uns wieder bewusster werden. Viele von uns sind so gestresst, dass Einkaufen so schnell und so günstig wie möglich gehen muss. Dabei hätten wir, wenn wir im Jetzt leben würden, so viele schöne Möglichkeiten, Neues zu erschaffen und Beziehungen zu pflegen. So hätten wir vielleicht mehr Zeit gespart und würden wieder glücklicher den Tag erleben.

Fühle ich mich wohl dabei, wenn ich etwas tue? Mache ich es nur für andere? Wenn wir mit uns selbst zufrieden sind, gehen wir automatisch hilfsbereit auf andere Menschen zu. Mache es, weil Du Dir selbst wichtig bist. Mache Dir Deine neue Lebenseinstellung zur persönlichen Gewohnheit. Es ist eine Selbstverständlichkeit, dass du glücklich sein darfst.

Wenn Du tust, was Du liebst, hast Du alles was Du brauchst. Denn wenn Du Dein inneres Potenzial lebst, entfaltest und der Freude folgst, stehst Du zu Deinem eigenen Ich. Dies spendet Dir Energie. Du bist Energie und die Energie bleibt konstant bestehen. Diese Energiestabilität findet dann statt, wenn Du aus der Liebe herauslebst. Wenn Du bist, was Du bist, nämlich vollkommen, ist Dein Glück vorprogrammiert.

Entscheide Dich dafür, Du selbst zu sein. Dein Ich definiert sich nicht über Deine Arbeit oder Dein Hobby, sondern Dein Ich definiert sich über Dein Leben. Wer Du selbst bist. Was Du gerne tust. Alles darf im Einklang stehen. Versuche das, was Du tust, in intensivster Liebe zum Ganzen zu machen. Versuche keine Energie zu verschleudern, sondern Deine täglichen Dinge mit Hingabe und Liebe zu erledigen. Gib den Herzensmissionen, dem Antrieb und den Möglichkeiten die volle Kraft. Wir haben jeden Tag die Chance neu zu entscheiden.

SPIELE JEDEN
TAG "ALL IN".
VERSCHWENDE
JEDEN TAG
DEINE
LEBENSZEIT,
DEINE
LEBENSENERGIE
UND DEINE LIEBE.

DEINE INNERE KRAFT

Entfalte Deine innere und eigene Kraft in der Form, das innere Versprechen zu leben. Immer mehr die Verbindung mit der eigenen Urkraft zu aktivieren. Es beginnt ein neuer Wandel der Zeit. Deine eigene Wahrheit zu finden und zu leben. Wie die Tiere sich in der Evolutionsgeschichte anpassen, so vermagst auch Du selbst ein Teil dieser Evolutionsgeschichte darzustellen. Das Gesamte dieser einen grossen Reise, die wir alle leben und unseren Teil dazu beitragen können. Es ist wichtig, dass Du ein Teil dieser Geschichte darstellst und Deine persönliche Kraft dafür geben darfst. Das Eine ist für diese Welt, für diesen Wandel und für Deine Kinder und Kindeskinder. Der andere Teil ist für Dich selbst.

Der Wandel wird sowieso der Wandel sein. Du darfst entscheiden, ob Du Dich für oder gegen diese Gegebenheiten stellst. Es ist das Wohlwollen dieser Welt, sich in diesem Fluss bewegen zu dürfen und zu beobachten, was passiert. Wie reagierst Du selbst auf den Wandel? Was darfst Du an Dir selbst ansehen und verändern, damit Du weiter in diesem Fluss aufblühen darfst? An dieser Stelle kommt das liebe Ego mit ins Spiel. Bist Du frei in Deiner Egoentwicklung, wird es Dir leicht fallen, Dich dieser Flexibilität hinzugeben. Bist Du gefangen in Deinem Selbst, wirst Du immer wieder ans Ufer geschleudert. Es braucht daher für Dich eine enorme Kraft, die Gegebenheiten anzunehmen und aus den Gegebenheiten Neues zu schaffen. Entwickle Ideen, mit denen Du im Fluss noch besser schwimmen und Dich leichter fortbewegen kannst.

Deine innere Kraft wird Dich dessen immer wieder von Neuem erinnern. Damit Du Wege der Leichtigkeit erfahren darfst. Sie schleudert Dich ans Ufer, damit Du den Fluss von aussen betrachten kannst und als neue Version von Dir selbst, wieder langsam zurück in den Fluss gehen kannst. In einer sehr achtsamen und empirischen Version Deines Selbst. Sei demütig gegenüber dem Fluss, denn seine Strömung kann Dich mitreissen oder herausschleudern.

Die innere Kraft wird Dir immer wieder den Weg zurück in den Fluss zeigen und anhand von Zeichen und neuen Lebensgefühlen eine neue Art weisen. Lerne Dich selbst immer wieder neu kennen und sage Dir selbst, dass Du Dich überhaupt nicht kennst. So wirst Du offen für alle Facetten und Arten, die Dein Sein inspirieren können und Dich in neue Lebenssituationen und Gefühle bringen kann. Erlebe Dich selbst immer wieder neu. Was Du gestern hinterfragt hast, kann heute die Antwort sein. Was Dir gestern geholfen hat, kann heute ein Stolperstein darstellen.

Die Demut gegenüber dessen, was in der Welt passiert, ist eine Annahme des Lebens selbst. Lasse das Höhere und Grössere für den Wandel entscheiden. Aber wenn Du gerufen wirst, aktiv am Prozess teilzuhaben, dann werde ein Teil davon und werde aktiv. Dein innerer Ruf wird Dir den Weg weisen, wo Du Dich einsetzen und Dich voller Tatendrang ausleben kannst. Das Wichtigste ist, dass Dich die Welt dann in Deiner vollen Kraft braucht.

Die innere Kraft ist der Flow Deines Lebens, bist Du in dieser Kraft und in dieser Unendlichkeit eingeschlossen, wird sich Dein Herz in einer komplett neuen Weise öffnen, wie Du es zuvor vielleicht noch nie erlebt hast. Du wirst neue Freude und neue Wertschätzung kennenlernen und die Welt wird sich Dir in einer neuen Version offenbaren. Du darfst Erfahrungen machen, die Du zuvor noch nicht gekannt hast und Werte kennenlernen, die Dir neue Türen öffnen werden. Du darfst Vertrauen in diesen Flow haben. Im Vertrauen dieser Erde mitschwimmen. Wenn Du am Ufer dieses grossen Flusses sitzt und Du diese Kraft spüren kannst, kannst Du auch die Kraft in das Vertrauen dieser Welt spüren. Alles hat seinen eigenen bestimmten Rhythmus und die Faszination Natur mit ihrer abgestimmten Funktionsweise wird Dir gigantisch erscheinen.

Wir dürfen also alle viel mehr in die Entspannung und in die Beobachterrolle kommen. Wir dürfen viel mehr nach innen hören. Viel mehr die eigene Kraft leben und zu unserer inneren Kraft kommen. Weil sich in diesem Zustand die Welt uns offenbaren wird, was wir wirklich tun dürfen und uns wirklich erfüllen wird. Leiste es Dir selbst, Dich in einen achtsamen Zustand bringen zu können. Vielleicht gibst Du Verantwortung ab, damit Du Deine Energie nicht verschleuderst? Vielleicht versucht Du weniger Energie in Deinen eigenen Status zu pushen, damit Du die Energie für Dich selbst nutzen kannst? Vielleicht baust Du starke Gefühle wie Angst, Wut und Trauer ab, damit sie Dir nicht so viel Energie entziehen? Es gibt viele Wege, diese Energie, die Du zu viel nach aussen abgibst, neu zu transformieren.

Zuerst machst Du Dich frei, Du gibst ab, was Dich zu viel Deiner Lebensenergie kostet. Dann braucht es eine gewisse Zeit, um Deine innere Energie komplett aufzubauen. Es ist nicht nur das Aufbauen, sondern das komplette Annehmen aller Facetten davon.

Hast Du immer noch das Gefühl, Du kannst Dich selbst kreieren? Ja, Du kannst. Du kannst das Gegebene annehmen und Dich erschaffen. Das kannst Du. Und Du kannst die bestmögliche Version Deines Selbst werden. Zuerst darfst Du lernen, Deine eigenen Bedürfnisse zurückzustellen, in diese Demut dem grossen Ganzen gegenüberstehen und in das Vertrauen und in den Fluss zu kommen. Danach werden sich Dir Wege und Möglichkeiten eröffnen. Aus diesen Möglichkeiten erschaffst Du Dich selbst zu einer Superkraft.

Die innere Kraft ist der komplette Selbstheilungsprozess. Die Natur wieder wirken zu lassen. Zurückzustehen und die Kraft in voller Demut zu empfangen. Den eigenen Rhythmus und die eigene Musik des Lebens zu erfahren und zu erleben. Lass los, was Du denkst. Lass los, was Du warst. Lass los von Deinen Idealen. Vergib all Deinen vergangenen Geschichten, damit sie Dich nicht weiter fesseln und Dich blockieren. Bist Du frei, wirst Du die Freiheit erleben dürfen. Du erlaubst Dir nun, diese Kraft mehr leben zu können, weil Du Deine Energie dafür nutzen kannst.

Wie schön es doch sein kann, wenn Du am Ende Deines Lebens auf Deine Bahn zurückblicken kannst und Du verschiedene Möglichkeiten erfahren und verschiedene Lebensarten geführt hast. Wenn Du hinsehen und sagen kannst, ich habe in jeder Version meines Selbst mein Bestes zum Ausdruck gebracht. Ich war glücklich, weil ich immer in dieser Leichtigkeit und in dieser Offenheit gelebt habe. Immer wieder Neues entdeckt und erfahren habe. Meine Meinung über das Leben immer wieder geändert und verbessert habe. Mein Leben war ein grosses Abenteuer.

In vielen Selbstverwirklichungs- und Persönlichkeitsentwicklungsprozessen können egoistische Denkmuster entstehen, bei denen es nur noch um sie selbst geht. Doch wir vergessen, dass wir alle eins sind und dieses Gedankengut genauso entscheidend ist. Es ist genauso wichtig, die Menschen wieder mehr zusammenzuführen, damit sie sich in Liebe begegnen können. Und wir so eine respektvolle Welt schaffen. Alles ist ein Gleichgewicht. Das wahre Sein kommt und fliesst aus dem Inneren.

Verbringe Zeit im Freien und in der Natur,
nur den Blick auf das Meer und das Rauschen
der Wellen stellt einen intensiven inneren
Frieden dar.

-

Betrachte Dein Leben von aussen, schau Dir
mal zu, wie Du Dich verhältst. Wenn Du Dein
bester Freund wärst, was würdest Du Dir
raten?

-

Verschenke bewusst ein Lächeln, eine
Bestätigung, ein Lob – im Geben kannst Du
Zufriedenheit spüren.

-

Freiheit ist wahrer Reichtum.

-

Halte Deinen Fokus auf Dein Ziel gerichtet
und lasse alle nicht auf Dein Ziel gerichteten
Eindrücke verblassen.

Erkenne Dich und Du erkennst Deine Welt.

-

Im inneren Frieden entfaltet sich das volle
Potenzial unsere Inspiration und Intuition.

-

Das Herz zeigt uns den Weg, mit dem
Verstand erschaffen wir das «Wie».

-

In der Einfachheit liegt die wahre Grösse.

LEERE DEINEN GEIST,
WERDE FORMLOS
UND GESTALTLOS WIE
WASSER. WENN MAN
WASSER IN EINE
TASSE GIESST, WIRD
ES ZUR TASSE.
GIESST MAN WASSER
IN EINE FLASCHE,
WIRD ES ZUR
FLASCHE. GIESST DU
WASSER IN EINE
TEEKANNE, WIRD
ES ZUR TEEKANNE.
BRUCE LEE

In der Natur findest Du die Antworten auf das Leben. In der Natur spürst Du die Inspiration. Und ich weiss, dass jeder Mensch diese Inspiration in sich trägt. Stell Dir selbst die Frage, warum Du Dich in die Veränderung begeben willst? Hast Du es satt, müde und unkonzentriert durchs Leben zu gehen? Du bist die Basis für Deine Veränderung, Du bist die Transformation Deines Selbst. Atme – atme so tief Du kannst. Im Atem beginnt und endet das Leben – also atme. Es ist wichtig, im ständigen Austausch zu sein, Energie aufzunehmen und Energie abzugeben.

Anerkenne das Wundervolle, den Respekt und die Wertschätzungen gegenüber jedem Wesen, gegenüber jeder Pflanze und gegenüber jedem Augenblick. Versuche es und erlebe Dich und die Welt von einer neuen Seite. Die Anerkennung, die Du aussendest, wirst Du ernten.

Spreng Deine eigenen Grenzen für mehr Wachstum, für mehr Freude im Herzen und für mehr gefühlten Wohlstand in Deinem Leben. Wie ist/Wie wäre es am Morgen aufzuwachen und sich auf den Tag zu freuen? Es ist das Normalste der Welt. Du darfst Dich an jedem einzelnen Tag erfreuen und ich möchte, dass Du jeden Tag etwas hast, was Dir gut tut. Vielleicht bist Du noch in einer Übergangsphase? So schätze die Zeit, die Du überhaupt dafür aufwenden kannst. Schenke Dankbarkeit an das, was Du tun kannst. Wir haben verlernt, uns am Abend vor dem Einschlafen für den Tag zu bedanken. Wie wäre es, wenn Du dieses Ritual wieder in Dein Leben einbaust?

Eine kleine Übung für Dich:

Lies sie und schliesse danach für die Visualisierung Deine Augen oder gerne darfst Du sie Dir von einer Zweitperson vorlesen lassen.

Stell Dir vor, Du würdest nun eine Art OFF - Schalter betätigen. Du könntest den Schalter gezielt und mit vollem Druck bedienen und Du spürst, wie Deine Gedanken komplett abgeschaltet werden. Sie verflüchtigen sich wie ein Rauch oder ein Nebel aus Deinem Kopf und verdampfen in der Luft. Du spürst eine Stille und eine Leere im Kopf, es fühlt sich wie ein Neubeginn an. Die Freiheit Deiner eigenen Intuition kommt in Dein Inneres zurück und Du spürst eine angenehme Wärme, die Dich komplett einnimmt. Die Wärme umfasst Deinen Kopf und wird weiter zu Deinem Herz, zu Deinem Bauch und zu den inneren Organen geleitet. Falls Du das Gefühl hast, Gedanken kehren zurück, dann nimm sie an und sprich zu ihnen, dass sie nun wieder gehen dürfen. Fülle sie in eine Wolke und lasse sie nun an Dir vorbeiziehen. Du schaust ihnen zu, wie sie immer weiter und weiter von Deinem Kopf wegziehen und der Himmel immer blauer und strahlender wird.

Dann konzentrierst Du Dich erneut auf diese Wärme in Dir. Die Wärme entspannt Dich mehr und mehr, bis Du ein vollkommenes, wohliges und entspanntes Gefühl in Deinem Körper wahrnimmst. Du gehst nun direkt zu Deinem Herz und schaust Dir es an.

Wie sieht es aus? Ist es prall gefüllt und voller Kraft? Wenn Du Dir vorstellt, Du hättest in Deinem Herz einen kleinen Garten und Du nun hineinschaust, was in diesem Garten wächst und wie er aussieht. Was siehst Du? Siehst Du bunte Farben und Wachstum? Ist dieser Garten überwachsen, ist dieser Garten kahl? Nimm dieses Bild intensiv wahr. Was braucht es, um diesen Garten wieder wachsen und erblühen zu lassen? Um im nächsten Jahr Früchte zu ernten? Was würdest Du gerne in Deinem Garten anstellen? Singen, tanzen, ihn umgraben?

Lasse Deinen Garten wieder so bewachsen, wie er sein soll. Pflanze alles hinzu, was hinzugehört und Du wirst bemerken, was gefehlt hat. Wenn Du nun in Deinem schön bepflanzten und strahlenden Garten sitzt oder stehst und Du die Luft tief einatmen kannst, stell Dir vor, wie Du aussehen würdest, wenn Du genau so strahlen würdest, wie Dein Garten es tut. Dann überlege Dir, was es dazu braucht, dass Du genauso strahlen kannst? Welche Dinge darfst Du in Dir selbst bepflanzen? Was darfst Du tun, um die Früchte des Lebens zu ernten? Du wirst bestimmt an dieser Stelle ein paar wichtige bildhafte Vorstellungen erhalten.

Wenn Du Dir nun vorstellst, in Deiner absoluten Strahlkraft zu sein, was würdest Du jetzt anstellen? Wo würdest Du hingehen? Was würdest Du tun? Freiwillig, ohne einen Rappen Geld dafür zu erhalten? Wie sieht dieser Ort aus, wo Du hingehen wirst? Welche Menschen sind da? Wie fühlst Du dich da? Wo in Deinem Körper spürst Du es? Welche Farbe/Form hat es? Wie fühlt es sich an? Verändert sich mit diesem Gefühl etwas in Deinem Gesicht? An deiner Körperhaltung?

Dieses Gefühl hältst Du in Deiner Vision fest. Dieses erlebte Gefühl ist Dein persönliches Ziel. Dies ist eine neue Art der Zielsetzung. Alles was Du machst oder tust, soll im Sinne sein, dieses Gefühl zu intensivieren und zu stärken. Triff Entscheidungen in Deinem Leben danach, ob sie dieses anzustrebende Gefühl intensivieren oder schwächen.

Die Veränderung beginnt da, wo Leben entsteht. Die Veränderung ist das höchste Gut, sich selbst zu verwirklichen und sich nahe zu sein. Oft sind wir zuerst in einer Gefangenschaft und fühlen uns missverstanden. Dann öffnet sich im Herz eine Welle von Impulsen und eine Weisheit. Eine Weisheit, die uns träumen lässt. Höre auf Dein Herz und verfolge seine Stimme Schritt für Schritt. Kenne die Wahrheit.

Verändere Deine Einstellung zum Thema Veränderung. Veränderung ist der Wandel, die Zeit des Aufbruchs. Oft wollen wir aber zu schnell aufbrechen und loslegen, so dass wir die Distanzen unterschätzen.

Der Mensch ist Rhythmus. Somit können wir davon ausgehen, wenn in unserer Lebenssituation vieles schief läuft, sind wir aus dem Rhythmus. Rhythmus ist Magie, ist wie das Tanzen. Stell Dir vor, Du bist auf der Tanzfläche und alle tanzen Walzer. Du magst diesen Walzer nicht. Du kannst Dich nun daneben stellen und alle die Leute verurteilen, die Walzer tanzen. Du hast aber viele andere Möglichkeiten. Stell Dir vor, wie es wäre, eine andere Tanzgruppe aufzusuchen? Du kannst in Deinem Rhythmus auf der Tanzfläche wachsen und wenn Du magst, der Welt Deine Inspiration des Tanzes zeigen. Wenn Du eigene Elemente in den Tanz einbaust, wirst Du revolutionär. Du inspirierst mit Deinem Sein andere Gruppen. Und vielleicht tanzen die Walzertanzenden plötzlich Deinem Schritt nach.

Lebe vor, was Du in dieser Welt möchtest. Stell Dir vor, Du wärst in der anderen Gruppe geblieben. Niemand könnte Dich verstehen. Du machst viele Fehler und aus Dir wird nie ein Walzer-Genie. Du wirst unglücklich und traurig. Du siehst nur die Walzer-Welt und hast nie bemerkt, wie es an anderen Orten sein kann. Denke daran, Du warst unglücklich und Du kannst nicht verlieren, wenn Du in diese Veränderung gehst.

Oft geht es bei Veränderung um eine Geldfrage. Da Du in der momentanen Situation ein geregeltes Einkommen hast. Es ist alles gut strukturiert und einfach gestaltet. Dies verstärkt unsere Mauern und reduziert die Fähigkeit, aus unseren Grenzen auszubrechen. Was in der Welt könnte Dich also dazu bringen, trotzdem die Veränderung zu wagen?

Die Stimme Deines Herzens ist viel lauter und energievoller. Hier ist viel Vertrauen in Dich selbst gefragt. Und wenn Du nicht/noch nicht bereit bist, über den „Abgrund" zu springen, stärke das Vertrauen in Dich selbst.

Es gibt viele Methoden, dies zu tun. Du spürst mehr und mehr, dass die Kraft in Dir selbst stärker wird. Plötzlich gibt es keinen anderen Weg mehr, als Deinen selbstgebauten Käfig zu verlassen und das Neue auszuprobieren, mit Willen und Neugier das Neue auf Dich zukommen zu lassen.

Du kommst von irgendeinem Ort und Du gehst an irgendeinen Ort zurück. Wohin? Das weiss niemand. Es gibt Ahnungen und Erfahrungen, aber wir wissen nur kleinste Teile davon. Unsichtbar ist die Kraft dieser Welt. Die Kraft des Lebens. Du kannst sie in Blumen, Tieren und in Deinen eigenen Tiefen erkennen und spüren. Du wirst sie aber nicht sehen können.

Die wichtigsten Elemente für eine erfolgreiche und leichte Lebensführung sind die Gesetze der Wirkung. Die Wirkung wird erzielt, wenn Du in Deine Mitte gehst, wenn Du zulässt, Dein eigenes Selbst in seine volle Kraft zu bringen. Diese Ruhe und Kraft ist ein Erfolgsmagnet. Du strahlst eine immense Stärke aus. Diese Stärke und Ruhe können andere Menschen unweigerlich wahrnehmen und sie schenken Dir Vertrauen. Sie sehen, dass Du in Deinem vollen Potenzial bist und Du strahlst Sicherheit aus.

Wie gelange ich selbst in meine Mitte, in diese Ruhe und Kraft? Nimm Dir bewusst Zeit dafür, das ist der wichtigste Schlüsselsatz. Und vor allem, habe Geduld mit Dir selbst. Es braucht Geduld, die eigene Wahrheit zu erkennen und zu verstehen. Du darfst dranbleiben. Es ist ein Lernen, die eigenen Sinne zu verstehen. Als ob Du in die Schule gehst und Lesen und Schreiben lernst. So ähnlich lernst Du andere Wahrnehmungen zu trainieren.

Für Anfänger/Beginnende ist es einfacher, dafür die Augen zu schliessen und bewusst die äusseren Ohren abzuschalten. Dann lausche langsam. Anfangs wirst Du vielleicht nichts hören. Wie gesagt, es braucht Zeit und Disziplin. Lerne Dich selbst und Deine Wahrnehmung kennen. Es gibt nur Deine eigene Wahrheit und Deine eigene Welt in Dir selbst. Wenn Du diese Stimme gefunden hast, schenkst Du ihr mehr Glauben und Vertrauen.

DAS VERTRAUEN

IN DAS NICHT

ERKLÄRBARE

GIBT UNS

BEMERKENS-

WERTERWEISE

DIE STÄRKSTE

KRAFT.

DINGE WIE LIEBE,

GLÜCK UND

VERTRAUEN.

SARA BURKART

DER NEUE LIFESTYLE

Die Wichtigkeit eines glücklichen Lebens scheint zunehmend in den Vordergrund zu rücken. Immer mehr Personen wachen aus ihrem Alltag auf, manchmal gewollt, manchmal ungewollt. Oder wie bei mir selbst, dass der eigene Körper einem zum Nachdenken und zum Stillstand bringt, Bettruhe verschreibt und im Positiven forciert, über die Werte und die Lebensinhalte nachzudenken. Andere erwachen bei einem Bruch in einer Partnerschaft, nach einer Auszeit, einer Reise, bei einer Kündigung, in der Gründung einer Familie oder aus verschiedenen anderen Gründen. Die Erfüllung in dem, was sie tun, ist nicht mehr da. Sie spüren selbst, dass etwas nicht mehr stimmt. Es wird verstanden, dass da noch mehr oder etwas anderes sein kann.

Wir sehen nur die Spitze des Eisberges. Darunter verbergen sich noch viele weitere Themen. Die Anzahl der Packungen Antidepressiva, die tagtäglich verkauft werden, oder die Einnahme anderer Substanzen, die das „fröhliche" Gesicht wahren können, stimmen einem nachdenklich. In einem drin ist die Welt anders und trüber. Ich selbst kannte eine Frau, die sich mit der sporadischen Einnahme eines Antidepressivum abgefunden hat. Ihr stark verankerter Glaubenssatz war, es kommt immer wieder etwas im Leben. Ganz gut wird und kann es nie sein. Ich verstehe dieses Denksystem, doch begrenzen wir uns damit nur selbst. Wie soll das Leben uns mehr geben, wenn wir es für uns nicht einfordern? Wenn wir den Zustand angenommen haben und nicht mehr möchten? Die Veränderung beginnt immer in uns. Verändere die Gefühle und die Gedanken, dann wird sich Dein Leben ändern. Du verdienst es, glücklich zu sein.

Der Wert von Glück wird immer mehr in das Zentrum gerückt. Ein Leben zum eigenen Wohle zu verbringen, anstelle einem absolutem finanziellem Ruhm und Reichtum. Die Menschen streben ein neues Wertesystem an. Um dieses Wertsystem zu leben, braucht es mehr als zuvor. Es braucht Selbstsicherheit und Selbstvertrauen, das Richtige zu tun und zu wissen, warum man es tut. Das Umfeld wird sich anfangs etwas wundern, es wird vielleicht versuchen, Dein Wertesystem zu hinterfragen. Man muss nur wissen, „warum" man es tut. Eine zweite Hürde mit Deinem Umfeld entsteht dann, wenn sie spüren, dass Du Glück und Leichtigkeit lebst. Sie werden das anfangs nicht verstehen.

Wenn Du ausbrichst und Deinen eigenen Weg gehst, werden sie Dich vor allen möglichen Gefahren warnen. Eigentlich tun sie das, weil sie Dich lieben. Fortschritt und Rückschritt, eine Stagnation, alle Formen gehören zu

Deinem Weg. Es wird Zeiten geben, die Dich beflügeln, es gibt Zeiten der Vergewisserung, wirklich das Richtige zu tun. Du hinterfragst, Du denkst nach, Du fühlst Dich anders. Es ist nicht zwingend der einfache Weg, seinen Weg zu gehen, seiner Inspiration zu folgen, Werte zu verändern und Neues auszuprobieren. Doch es ist ein komplett anderes Lebensgefühl. Das Leben fühlt sich lebendig an, es bebt und Du bist Du, Du bringst Dein Inneres nach aussen und Du weisst, dass für Dich Glück an erster Stelle steht. Die Lebensfreude erwacht. Du kannst Du sein.

Die Freude stellen wir dabei vor die Leistung. Immer mehr Freude in das eigene Leben zu integrieren. Erlebnisse zu schaffen, die einem eine tiefe Zufriedenheit bringen. Die Freude ist ein wunderbarer Wegweiser des Lebens. Wer der Freude folgt, ist immer auf dem richtigen Weg. Freude und Undiszipliniertheit sind hier als absolute Gegensätze zu sehen. Disziplin gehört zu einem erfüllten Leben. Du kannst es, denn Du wurdest geboren, um Dein Wesen in diese Welt einzubringen, um Dich oder Deine Seele hier auf dieser Welt zu verkörpern. Es ist das Natürlichste und das Selbstverständlichste überhaupt. Es fühlt sich manchmal so an, als würde man in die Einfachheit und in das Leben selbst, in seine Grundformen zurückkehren. Wo Liebe, Glück, Respekt und Freundlichkeit an ihre Wichtigkeit erinnern.

Was heisst es wirklich Mensch zu sein? Ein Mensch trägt viele Gefühle und Emotionen in sich, wir sind keine Funktionsmaschinen ohne Innenleben, wir haben ein lebendiges Innenleben. Diese Gefühle und Emotionen sind in sich selbst so kostbar, dass wir ihnen Anerkennung und Wertschätzung gewähren und ihnen mit Achtsamkeit begegnen dürfen. Wir haben die Macht, unsere Gefühle, Emotionen und Gedanken zu verändern, um so langfristig ein neues Leben anzustreben. Werde Dein eigenes Projekt, indem Du der Regisseur bist. Du verdienst es, ein glücklicher Mensch zu sein und diese innere Freiheit leben zu können. Die innere Freiheit ist die grenzenlose Freiheit. So als würde man sich von den eigenen Ketten und Fesseln befreien. Sich selbst aus der eigenen Gefangenschaft lösen. Den Augenblick wahrnehmen und jedem Moment in Achtsamkeit des Jetzt seine volle Aufmerksamkeit schenken.

Es gibt nur das Jetzt. Das ist das Einzige, was wir leben können. Immer nur jetzt. Diese Wahrnehmung des Lebens wird uns vor zu viel Gedankenkontrolle und Stress schützen. So oft ertappen wir uns selbst, indem wir uns überlegen, was in den nächsten Stunden, morgen oder in einem Jahr sein wird. Doch es wird noch „so viel Wasser den Rhein hinunterfliessen", dass es reine Zeitverschwendung ist, die Kraft zu stark in dem verharren zu lassen. Denn wir wissen nicht, was noch alles bis dann geschehen wird. Legen wir das Augenmerk auf jeden einzelnen Tag. Denn nur ein Tag in Deinem Leben kann so prägend sein, dass Du ihn Dein ganzes Leben lang nicht mehr vergisst. Denke an die Daten, an welche Du Dich jedes Jahr erinnerst.

Der Anzug des Glücklichen wird nicht von der teuersten Designermarke geprägt, sondern er wird in den strahlenden und lebendigen Augen erkennbar sein. Die trainierten Muskeln kommen nicht (nur) aus dem Fitnessstudio, sondern die Muskeln finden sich ebenso im Inneren, in einer mentalen Stärke und einem feurigen Selbstbewusstsein wieder. Wenn dieser Mensch lebt, wird er hohe emotionale Intensitäten schaffen und die positiven Wege sehen.

Wer das Bild einer besseren Welt in sich trägt, führt von selbst. Das würde in sich selbst heissen, dass wir eigentlich alle danach suchen oder dass jeder von uns diese Hoffnung in sich trägt. Warum es also nicht heute schon tun? Warum also nicht heute beginnen, etwas anderes zu glauben? Warum sich nicht heute dafür entscheiden, alles dafür zu unternehmen und an sich zu arbeiten, um glücklich zu sein?

Sieh einer Mutter zu, wenn sie ihr Kind inspiriert. Wenn sie dem Kind vorzeigt, wie es gemacht werden darf. Wenn sie es dem Kind vorlebt, wird das Kind sie nachahmen, weil das Kind sehr schnell die positiven Effekte von einem positiven Verhaltensmuster sieht.

Ein anderer Effekt, der wirkt, ist das morphologisches Feld. In diesem Feld wird beschrieben, dass alles miteinander verbunden ist und dass wir alle/alles eins sind. Wenn wir nun beginnen, Stress zu reduzieren und Glück zu leben, werden wir Glück nicht nur in uns selbst tragen, sondern wir beginnen, dieses morphologische Feld mit

Glück zu füllen, weil wir uns selbst verändert haben. Ich versuche dazu ein Beispiel zu machen. Das morphologische Feld kannst Du Dir wie Erdbeeren vorstellen. Über der Erde wachsen die Erdbeerstöcke, aber unterhalb der Erde, wo es für den Betrachter nicht sichtbar ist, sind alle Erdbeerstöcke miteinander verbunden. Die Ausläufer verbinden sich in einem unterirdischen Feld. Nun beginnt ein Erdbeerstock sich zu verändern, er bekommt mehr Wasser oder Sonne. So profitieren alle anderen Erdbeerstöcke und wachsen automatisch mehr in ihrer Fülle. So können wir mit unserer Arbeit an uns selbst viel mehr bewirken, als wir denken.

Ein anderes schönes Gedankenbeispiel finde ich, wenn eine Person durch eine Hypnosesession zu einem freien und selbstbewussten Lebensgefühl wechselt und sie dadurch weitere Freude verbreiten kann. Ja, es ist eine Eins-zu-Eins-Sitzung. Ich durfte einer weiteren Person helfen. Aber es ist trotzdem nicht nur das, ich habe indirekt viel mehr Menschen erreicht. Denn diese Person hat ein Umfeld. Wenn sie nun dieses Lebensgefühl auf ihr Umfeld überträgt, nur durch ihre Art und durch ihr Sein andere Menschen inspiriert, hat die Session wie die Wurzeln eines Baumes viel mehr gebracht. Aus den Wurzeln heraus wächst ein Stamm, viele Äste und somit Blüten in verschiedene Richtungen. Wir gehen nun weiter und dieser glückliche Mensch bekommt Kinder. Wenn jetzt die glückliche Person ihre Kinder erzieht, werden ihre Kinder davon profitieren und mit einer komplett anderen Lebenseinstellung grossgezogen.

Letztens hatte ich einen Termin mit einer schwangeren Frau für eine Hypnose zur Geburtsvorbereitung, welche zusammen mit ihrem Mann gekommen ist. Er hat sie so wundervoll auf ihrem Weg begleitet. Grundsätzlich war die Hypnose nur für die Frau gedacht. Doch der begleitende Partner im Zimmer hat die Energie automatisch mitgefühlt und war sehr berührt. Es hat gleichzeitig etwas in ihm verändert. Somit konnte mit einer Hypnosesession gleich drei Menschen erreicht werden. Die Frau, der Mann und das ungeborene Kind haben die positiven Gefühle erlebt.

Wir sprechen oft davon, dass wir stark und kraftvoll werden möchten, eine mentale Stärke und ein Selbstbewusstsein aufbauen möchten. Dies geschieht vorwiegend mit einer inneren, männlichen Antriebskraft. Wir alle bestehen aus männlichen und weiblichen Anteilen. Die Ausgeglichenheit und die Balance ist alles im Leben. Die Waage, die die Pole miteinander verbindet oder ausgleicht. Wir dürfen ein wundersames Gleichgewicht in allen Dingen des Lebens anstreben. Wir dürfen stark und kraftvoll werden und gleichzeitig auch fein, weich, sanft und liebevoll. Wer sanft sein kann, hat oft am meisten Selbstbewusstsein und Selbstvertrauen. Die männlichen und weiblichen Teile kommen am besten zum Ausdruck, wenn beide Aspekte ihre vollumfängliche Aufmerksamkeit erhalten. Wichtig ist zu beachten, welcher dieser Pole zu welchem Zeitpunkt eingesetzt wird.

In einer Verhandlung brauchen wir unsere inneren männlichen Aspekte, in einem Gespräch unter Freunden lieben wir die sanfte und liebevolle Art. Es gibt weder schwarz noch weiss, die Auswahl der richtigen Grauzone ist entscheidend. Wir wissen, dass wir verschiedene Anteile in uns tragen und sie bewusst einsetzen können. Wir dürfen und aus meiner Sicht sollen wir alle Anteile und Emotionen in uns leben.

Wenn wir uns ein Kind ansehen, welches von einer Biene gestochen wurde, wird es weinen. Es wird seinen Schmerz ausdrücken und wir erkennen, dass es Hilfe benötigt. Wenn es die Hilfe und die Liebe bekommt, wird es anschliessend wieder zurück in den Garten gehen und es beginnt wieder zu spielen und zu lachen. Wir Erwachsenen verharren manchmal lieber in einer Opferrolle oder drücken unsere Gefühle nicht aus und werden immer trauriger und verbitterter.

Der neue Lifestyle kann immer mehr in die Gewohnheiten des Tages eingebaut werden. Nimm die Alltagsfreuden, die Dich glücklich machen und wiederhole sie Tag für Tag. Wie gesagt, liebe ich beispielsweise Lebensmittel aus dem nahegelegenen Hofladen, die aus dem eigenen Anbau stammen. Wenn ich diese Lebensmittel esse, spüre ich bereits die Lebensenergie in ihnen. Sie schmecken frisch, haben viel mehr Aroma und sie tragen das Sonnenlicht in sich. Ganz im Gegensatz zu den Salatköpfen oder Tomaten im Supermarkt, die für mich je nach Jahreszeit sehr leer und energielos wirken.

Ich selbst sehe und spüre die Energie in selbstge-
kochten Gerichten. Das leblose und tote Fertigessen kann
mich eigentlich fast gar nicht mehr begeistern. Dasselbe
gilt für Pflanzen und Blumen. Schnell hochgezüchtetes
Grün beinhaltet für mich nicht die lebensspendende
Energie, wie es eine kräftige Pflanze vom Gärtner bewirken
kann. Das ist für mich ein wunderbares Gefühl, das Leben
zu sehen und zu spüren. Wie schön kann es sein, einfach
Musik zu hören. Ich habe mir angewöhnt, wenn ich
Reinigungsarbeiten erledige, Podcast oder einfach Musik zu
hören. So ist putzen nicht mehr allein putzen, sondern ist
eine Zeit für Entspannung oder zur Ausbildung meines
Mindsets geworden.

Lebenskraft und Energie ist dann, wenn ich mich selbst
spüre, wenn ich meine Energie spüren kann, wenn ich die
Verbundenheit mit anderen Menschen, den Tieren oder
dem Leben selbst erkenne. Wenn alles zusammenkommt,
wenn sich der Kreis schliesst und alles einen Sinn ergibt.
Wenn ich mir selbst vertraue. Wenn ich trotz Widerständen
meiner eigenen Stimme gefolgt bin und sich diese am Ende
bewahrheitet.

Vorfreude ist auch eine besondere Art der Freude. Sich
auf irgendetwas zu freuen und jeden Tag daran zu denken.
Denken wir hier wieder an die Kinder, die jeden Tag zählen, bis ihr Geburtstag endlich da ist. Eines der grössten
Freudenerlebnisse für mich selbst und welches wahres
Glück beinhaltet ist, so liebevolle Menschen um mich zu
haben und mit ihnen Stunden oder Tage zu verbringen. Für

diese Momente bin ich besonders dankbar. Sie sind wahre Energiequellen und gegenseitige Verbundenheit. Besondere Momente sind auch, sich auf etwas Neues einzulassen, eigene Grenzen zu sprengen und das wunderbare Gefühl danach, es geschafft zu haben. Ein wunderbares Mittel, um das Selbstvertrauen und das Selbstbewusstsein zu stärken.

Es kann immer eine Hilfe sein, eine To-Do Liste des Lebens oder des nächsten Lebensabschnittes zu erstellen. Was würde ich alles in diesem Leben gerne noch erleben? Was sind die Meilensteine, die ich gerne erfahren würde? Was muss und darf unbedingt sein, bevor ich diese Welt verlasse? Ein Mentor aus Deutschland nennt diese Liste liebevoll „die Löffelliste". Die Löffelliste aus dem Grund, was will ich alles tun, bevor ich den Löffel abgebe. Zusätzlich ist die Visualisierung des Zeitpunktes vor Deinem Sterben eine gute Möglichkeit, sich über das jetzige Leben Gedanken zu machen. Was sollen Deine letzten Gedanken sein, bevor Du die Augen für immer schliessen wirst? Oft sind es Gedanken wie „ich habe wirklich gelebt" oder „ich war ein hilfsbereiter und liebevoller Mensch". Aber ich glaube, niemand wird sagen, ich bin froh, immer die Sicherheit an die oberste Stelle gestellt zu haben. Ich habe immer genügend Kapital erwirtschaftet. Zu diesem Zeitpunkt werden uns die menschlichen Aspekte unseres Daseins einholen. Wenn Du diese Gedanken weisst und sie mit dem jetzigen Leben vergleichst, kannst Du vielleicht erkennen, was zu ändern ist.

Der neue Lifestyle des Lebens ist Glück. Glücklich zu sein als Antriebskraft zu verwenden und dieses Glück nach aussen zu leben. Du wirst spüren, was es bewirkt, Du wirst das vibrierende Leben erkennen. Du wirst ein anderes Lebensgefühl wahrnehmen und ich verspreche Dir definitiv, dass es sich lohnen wird. Und eigentlich musst Du nicht mehr, sondern weniger dafür tun. Das ist das grandiose daran. Wieder mehr zu den einfachen Inhalten und zum Menschsein zurückzukehren, in Deine wahre Natur. Mehr mit der Freude leben und Dich selbst entdecken. Erkennen, wer Du bist. Denn Du wirst erkennen, wie wunderbar, wie schön und wie einzigartig perfekt Du bist. Dass es in Dir noch viel mehr zu entdecken gibt, dass sich in Dir das Abenteuer befindet und das Leben spannend ist. Dass in Dir selbst noch viel mehr Potential ist. Ein neuer Lifestyle zu einem neuen Ziel: Erfolg ist, sich selbst glücklich zu sehen. Viele Menschen definieren mit Glück Freiheit. Glück ist eine innere Einstellung und das Mindset.

Wir können auf das zurückblicken, was wir alles gemeistert haben, wir können die jetzige Situation betrachten und erkennen, dass wir ein wesentlich besseres Leben erhalten haben, als die meisten anderen Menschen dieser Erde. Auch hier ist „besser" eine definitionsbedingte Frage. Doch sichtlich haben wir in unseren Ländern eine viel höhere Möglichkeit, uns frei bewegen zu können. Wenn wir unser Mindset verändern, wird unser Glück gegenwärtig erscheinen. Wir können im Flow leben und uns des Glückes erfreuen.

ES IST NICHT

ENTSCHEIDEND,

WELCHEN WEG

DU GEGANGEN

BIST,

ENTSCHEIDEND

IST DIE

PERSÖNLICHKEIT,

DIE DU

GEWORDEN

BIST.

SARA BURKART

Illustration: eine einzelne durchgehende Linie zeigt die
Verwandlung der Persönlichkeit

MEIN MINDSET

Ich verdiene es, glücklich zu sein.

Ich bin wertvoll.

Ich bin bereits vollkommen.

Ich bin mehr als die Bedingungen und meine
Grenzen.

Ich erlaube meinem Wesen die volle Kraft.

Ich lebe meine Herzenswahrheit und meine
Werte.

Ich konzentriere mich mehr auf mich selbst.

Ich lebe mehr von innen nach aussen,
anstelle von aussen nach innen.

Ich kenne mich selbst und das macht mich selbstbewusst.

Ich vertraue mir und ich vertraue dem Leben.

Ich bilde mir mein eigenes Wissen.

Ich lasse los, von allem, was ich nicht mehr brauche und was mich davon abhält, mich selbst zu sein oder im Jetzt zu leben.

Ich bin es mir wert.

Ich beeindrucke nicht andere, ich beeindrucke mich selbst.

Ich folge meiner inneren Stimme und meiner Intuition, denn ich verstehe, dass Denken begrenzt ist.

Ich gebe jeden Tag mein Bestes, denn so brauche ich mich um die Zukunft nicht zu sorgen.

Ich reagiere mit Gelassenheit und Vertrauen.

Ich verändere meinen Alltag und meine Gewohnheiten so, dass sie in sich das Glück tragen und sie mir tagtäglich glückliche Momente spenden.

Ich sehe, dass glücklich zu sein der grösste Erfolg ist, den ich im Leben erreichen kann.

Ich habe den Mut, Dinge zu verändern, die für mich nicht mehr stimmig sind.

Ich gehe mit der Freude, die Freude ist der Wegweiser meines Lebens.

Ich lebe authentisch.

Ich bin voll von Liebe, Wärme und Geborgenheit.

Ich sehe in Problemen Herausforderungen und in dunklen Stunden mein grösstes persönliches Wachstumspotential.

Ich vergebe, weil ich inneren Frieden erlangen möchte.

Ich habe Ziele und Träume.

Ich weiss, dass ich gewisse Situationen nicht ändern kann, aber ich entscheide, wie ich auf die Situationen reagiere. Ich entscheide, welche Persönlichkeit ich bin und lebe.

Ich akzeptiere mich, genauso wie ich bin.

Ich kann alles schaffen. Ich glaube an mich.

Ich lebe eine innere Ruhe und einen inneren Frieden.

Ich liebe es, zu lachen und Spass zu haben.

Ich gönne mir Zeiten der Ruhe und Zeiten für mich selbst.

Ich verbringe wertvolle Zeit mit meinen wichtigen Menschen.

Ich lebe Selbstverantwortung.

Ich bin ein Vorbild und ich bin eine inspirierende Persönlichkeit.

Ich bin jeden Tag meiner inneren Freiheit ein Stück näher.

Ich bin hilfsbereit, grossherzig, liebevoll und voller Mitgefühl.

Ich feiere das Leben.

Ich spüre Demut.

Ich weiss, dass ich nie allein bin, weil ich immer verbunden bin.

Ich strahle Stärke, Zuversicht, Zufriedenheit und Kraft aus. Ich bin gespannt, was ich in der Zukunft noch alles erleben darf.

Ich bin dankbar, für alles was ich bereits besitze. Meinen Fokus setze ich auf die positiven Ereignisse in meinem Leben.

Ich bin glücklich, weil ich bin.

Gerne füge ich hier eine weitere Übung oder ein wundervolles Bild an, welches Dir helfen kann, Dein Mindset zu leben.

Lies sie und schliesse danach für die Visualisierung Deine Augen

Stell Dir vor, wie Du selbst einen Baum darstellen würdest und erlebe, wie Deine Wurzeln tief in die Erde hineinwachsen. Lasse diesen Prozess wirken, spüre die tief verankerten Wurzeln und folgend den starken und kraftvollen Stamm in den Beinen und im Becken. Hier ist die Stärke, die Haftung, das Selbstbewusstsein und das Selbstvertrauen. Oberhalb in der Herzgegend und im Kopf sind die Äste und Blätter, welche sich wunderbar leicht und frei anfühlen und sich locker-flockig mit dem Wind hin und her bewegen. Sie sind flexibel, anpassungsfähig und gelassen.

Dieses Bild spendet Kraft aus den Orten, aus denen die Kraft fliessen darf und lässt Dich spontan mit Deinen Gedanken und Deinem Herzen im Hier und Jetzt sein. Vielleicht hast Du viele Verspannungen und verhärtete Gedanken? Probiere es aus und siehe, ob sie mit diesem Bild wegfliessen dürfen und Du in die Flexibilität und in die Leichtigkeit finden kannst.

Illustration: der magische Baum

ALLES IST YIN UND YANG

Yin und Yang sind zwei Begriffe, die sich auf entgegengesetzte und dennoch aufeinander bezogene Kräfte oder Prinzipien beziehen, die sich nicht bekämpfen, sondern ergänzen. Es sind die Polaritäten des Lebens. Das weisse Yang steht für hell, hoch, hart, heiss, männlich, positiv, aktiv und bewegt. Das schwarze Yin steht für dunkel, weich, feucht, kalt, weiblich, negativ, passiv und ruhig. Yin und Yang sind Begriffe, mit denen eine gegensätzliche Beziehung zwischen zwei oder mehreren Dingen ausgedrückt wird.

Das Leben besteht aus dieser sich ergänzenden Philosophie. Manchmal braucht es mehr weiss, anderenfalls mehr schwarz. Das Eine könnte ohne das Andere nicht existieren, alles lebt in einem gegenseitigen Wirken. Wir alle tragen schwarze und weisse Seiten in uns und wir leben vielleicht verschiedene Rollen im Leben, bei denen der weisse oder der schwarze Anteil mehr zur Geltung kommt. Der Ausgleich und das gegenseitige Zusammenspiel wirken, bis die Harmonisierung entsteht.

Mit diesem Symbol verstehen wir mehr und mehr, dass wir nicht alles hinterfragen müssen. Nimm Dir selbst die Freiheit, nicht alle Dinge zu bewerten. Weil Du weisst nie, dass der eine Teil vielleicht nur dem Ausgleich des anderen Teiles dient. Wir brauchen Schwarz, um Weiss zu erkennen und umgekehrt. Es sind die Polaritäten des Lebens, die immer existieren werden. Manchmal braucht es ein Chaos, um danach eine neue Ordnung zu schaffen. Veränderungen sind am Anfang hart, in der Mitte chaotisch und am Ende wunderbar. Wagen wir uns immer wieder in Unsicherheiten, um die Sicherheit in uns zu spüren. Du bist mehr als Du denkst. Es gibt eigentlich keine Grenzen. Weder für Gedanken noch Gefühle. Es ist die Angst, die Grenzen setzt. Und umso besser wir uns selbst kennen, umso weniger Angst haben wir.

Betrachten wir nun alle Aspekte, ist keiner alleinwirksam. Keine der Weisheiten steht für absolute Richtigkeit. Erachten wir jeden einzelnen Teil als wichtig und wie eine einzelne Rose. Nur alle Rosen zusammen ergeben einen wunderbar harmonischen und liebevoll duftenden Rosenstrauss. Keine Rose darf die andere überdecken. Alle Rosen sind im Gleichgewicht zueinander, in einem harmonischen Aufbau kraftvoll. Genauso können wir das Leben verstehen. Das Eine wäre ohne das Andere nicht wirksam. Es braucht alles zusammen. Alles zusammen im richtigen Ausmass. Wer erfolgreich, konzentriert und diszipliniert arbeitet, versteht wiederum die Wichtigkeit der Pausen. Die Pause, um die Leichtigkeit und die Entspannung zu leben. Pause machen ist der am meisten unterschätzte Produktivitäts-faktor.

Wenn wir beispielsweise in einer Familie leben, braucht es viele Aspekte. Es braucht Respekt, Disziplin, Freude, Spontanität, die Ausgelassenheit und noch viele weitere Werte. Wenn alles zusammenkommt, entsteht die Harmonie. Im Leben ist immer alles vorhanden, wie auch in Dir selbst. Jeder von uns trägt Schatten und Licht in sich. Aber wir selbst entscheiden, welchen Gegebenheiten wir Aufmerksamkeit schenken. Welchen Dingen wir unsere Energie zur Verfügung stellen und welche Anteile wir wachsen lassen. Welchen Gedanken und Gefühlen wir folgen und welche wir als unwahr einstufen. Glaube Deinen Gedanken selbst nicht alles. Glaube Deinem Herz.

Der Indianer sagt:

„In meiner Brust wohnen und kämpfen zwei Wölfe. Einer davon ist der Wolf der Dunkelheit, des Neides, der Verzweiflung, der Angst und des Misstrauens. Der andere ist der Wolf des Lichtes, der Liebe und der Lebensfreude. Welcher von beiden gewinnen wird?"

Der alte Indianer antwortet seelenruhig:
„Der, den ich füttere."

Das Licht fasziniert mich. Dem Licht ist eine besondere Bedeutung zuzuschreiben. Bei der Heilung oder bei der Auflösung kommt so oft Licht zum Vorschein. Viele fühlen das Strahlen der Sonne in ihnen oder vor ihren Augen. Viele fragen mich, ob ich ihnen während der Hypnose mit einer Taschenlampe in die Augen zünden würde, weil es vor ihren Augen so hell ist. Dem ist natürlich nicht so, sie sehen ihr eigenes Licht. Wir sind selbst Licht und unsere angeborene Kraft des Leuchtens entspringt aus dem Licht.

Es ist mir sehr bewusst, nicht alle Teile des Mindsets und des Lebens in diesem Werk verfasst zu haben. Doch genau dies gibt mir Luft und Möglichkeiten für weiteres.

Wir verändern die Welt, indem wir das tun, was uns glücklich macht. Es gibt nichts, was Du nicht schaffen kannst. Es ist alles bereits da. Das Schönste, was ein Mensch tragen kann, ist ein Lachen.

Die Welt ist voller guter Menschen – und wenn Du keinen findest, sei selbst einer.

In diesem Sinne wünsche ich Dir auf Deinem Weg inneren Frieden, eine wunderbare Gelassenheit und Leichtigkeit.

SEI WILD – FRECH – UND WUNDERBAR

HERZLICHST SARA

An dieser Stelle möchte ich Dir mein persönliches Lieblingszitat mit auf den Weg geben:

ICH MÖCHTE DIE
GELASSENHEIT,
DINGE
HINZUNEHMEN, DIE
ICH NICHT ÄNDERN
KANN, DEN MUT
HABEN, DINGE ZU
ÄNDERN, DIE ICH
ÄNDERN KANN. UND
DIE WEISHEIT DAS
EINE VOM ANDEREN
UNTERSCHEIDEN ZU
KÖNNEN.

DANKSAGUNG AN DAS LEBEN

Ich würde lügen, wenn ich sagen würde, dass ich dankbar für die Krankheit bin, die ich erlebt habe. Mein ganzer Körper brannte innerlich und äusserlich, die Schmerzen waren unerträglich und die Energielosigkeit liess mich stillstehen. Es war definitiv nicht so, wie ich mir mein Leben vorgestellt habe. Die komplette Krankheitszeit streckte sich über vier Jahre. Die akute Zeit dauerte knapp zwei Jahre.

Doch ich bin für den Weg, der mir das Leben gezeigt hat, von Herzen dankbar. Es hat mich aus einer Situation herausgenommen, die meinen Werten nicht mehr entsprach. Das Leben hat mir Ruhe verschrieben, um mich an mich selbst zu erinnern, andere Fähigkeiten meines Selbst mehr zu nutzen und neue Möglichkeiten zu leben. In die Weichheit und in die Liebe einzutauchen und in die eigene Kraft. Mehr aus diesen sanften und liebevollen Stärken heraus wirken zu können.

Ich erlebte wunderbare Begegnungen mit sehr besonderen und weisen Menschen, die mir noch mehr Tiefe im Leben zeigten. Obwohl ich davor bereits viele Entscheidungen aus dem Gefühl und aus der Intuition heraus getroffen habe, konnte ich lernen, diese Kraft noch intensiver zu nutzen. Auf der einen Seite war es eine sehr harte Zeit, mit diversen Tiefs, die mich lernten, eine mentale Ruhe und Stärke zu erlangen. Andererseits habe ich vom Leben das grösste Geschenk erhalten. Einen Reichtum, der sich in einer Freiheit widerspiegelt. Eine Flexibilität, das Leben so zu gestalten, wie es für mich selbst stimmt. Die Zeit draussen in der Natur vermehrt geniessen zu können und jeden Tag das Wetter zu sehen. Auch wenn man weiss, dass keine finanziellen Mittel gegen diese Freiheit getauscht werden können, ist es trotzdem nochmals anders, wenn man es erfährt. Ich darf sagen, dass ich sehr viele Werte bereits vorher lebte, sie jedoch durch die Lebensveränderung noch tiefer wahrnehmen und jetzt ausdrücken kann.

Ich danke dem Leben, dass es mich an diesen Ort gebracht hat, dass ich diese wundervollen Erfahrungen mit wertvollen Menschen immer und immer wieder machen darf. Ich habe einen wunderschönen Beruf erhalten, weil mich die Menschen mit einem aufrechten Gang und einem Strahlen in den Augen verlassen. Jede Begegnung ist ein besonderer Moment. Es zieht weise, neugierige, wache, fortschrittliche und liebevolle Menschen an. Ich danke dem Leben von Herzen, in aller Hochachtung und Demut, dass ich dieses Privileg leben darf.

KRANKHEIT IST WEDER
GRAUSAMKEIT NOCH STRAFE,
SONDERN EINZIG UND ALLEIN EIN
KORREKTIV; EIN WERKZEUG,
DESSEN SICH UNSERE EIGENE
SEELE BEDIENT, UM UNS AUF,
FEHLER HINZUWEISEN, UM UNS
VON GRÖSSEREN IRRTÜMERN
ZURÜCKZUHALTEN, UM UNS DARAN
ZU HINDERN, MEHR SCHADEN
ANZURICHTEN – UND UNS AUF DEN
WEG DER WAHRHEIT UND
DES, LICHTES ZURÜCKZUBRINGEN,
VON DEM WIR NIE HÄTTEN
ABKOMMEN SOLLEN

DR. EDWARD BACH

COVER & ILLUSTRATIONEN

Lieber Yves

Mein grösster Dank ist Dir gewidmet. Als ich Dir Stichworte zu den einzelnen Illustrationen lieferte, malten sich wage Ideen und Bilder in meinem Kopf. Die von dir erhaltenen und erstellten Werke haben jede meiner Vorstellungen meilenweit übertroffen. Jede Zusendung war ein absolutes Freudenerlebnis und ich durfte einfach nur dankend zustimmen. Mit Deinen Illustrationen hast Du den Sinn einzigartig dargestellt. Es ist Deine Gabe, Persönlichkeiten und ihr Wirken zu beobachten und genau zu spüren und zu verstehen, wie Du Deine Kreationen zur vollsten Zufriedenheit umsetzen kannst.

Das Cover ist magisch und die Farben leuchten. Ich fand es besonders „cool", weil Du eine neue Art von Buch kreiert hast. Nach Deinen Angaben bist Du „nicht so der Leser", aber genau dadurch hast Du unvoreingenommen etwas Neues, Eigenes und Einzigartiges erschaffen.

Danke für Dein wertvolles SEIN als Künstler, Persönlichkeit und Freund - Herzlichst Sara

COVER & ILLUSTRATIONEN BY YVES

Als Sara mich fragte, ob ich mich in diesem Buch verwirklichen möchte, hatte ich keinen Moment gezögert, „ja" zu sagen. Eine Gelegenheit, welche man vielleicht nur einmal im Leben bekommt. Als ich mich darauf einliess, hatte ich natürlich noch keine Ahnung, was alles auf mich zukommen wird.

Sara liess mir freie Hand und gab mir Stichworte, um Ideen zu entwickeln. Mein Ziel war es, diese Eleganz, welche das Werk mit sich bringt, in einem einheitlichen Design zu gestalten. Schlicht, aber dennoch sehr aussagekräftig und mit feinen Linien verziert. Die Herausforderung für die Illustrationen der einzelnen Kapitel lag darin, mit möglichst wenig, möglichst viel auszusagen. Ideen waren genügend vorhanden. Knifflig erwies sich, die Bilder mit Stil zu zeichnen, damit sie eine Wirkung haben.

Der Moment, wenn man dieses fertige Buch in den Händen hält, mit dieser Farbigkeit und den selbst erstellten Illustrationen, das ist für mich das Leben. Sich voll und ganz einer Sache hinzugeben und ein Projekt in die Tat umzusetzen. Aus „Nichts" etwas zu erschaffen und mit der Welt seine Gedanken, Erfahrungen und Inspirationen zu teilen. Dieses Gefühl, gemeinsam etwas zu erschaffen, Ideen und Kreativität einzubringen und am Schluss ein Buch in den Händen zu halten, das ist Leben.

Ich bedanke mich dafür, dass sich die Dinge so ergeben haben und ich daran teilhaben und mitwirken durfte. Eine weitere Erfahrung, welche mich als Mensch, wie auch als Künstler in jeder Hinsicht weiterbringt.

Herzliche Gratulation Sara, das Buch ist toll geworden!

Yves Hohl

kreatyveswerkstatt.ch